AF363452

TRAITÉ
DE LA VERITÉ
DE LA
RELIGION
CHRETIENNE,

Tiré du Latin de

Mr. J. ALPHONSE TURRETTIN

Profeſſeur en Théologie & en Hiſtoire
Eccleſiaſtique à GENEVE.

SECTION I. & II.

*De la Néceſſité, & des Caractéres
de la* REVELATION.

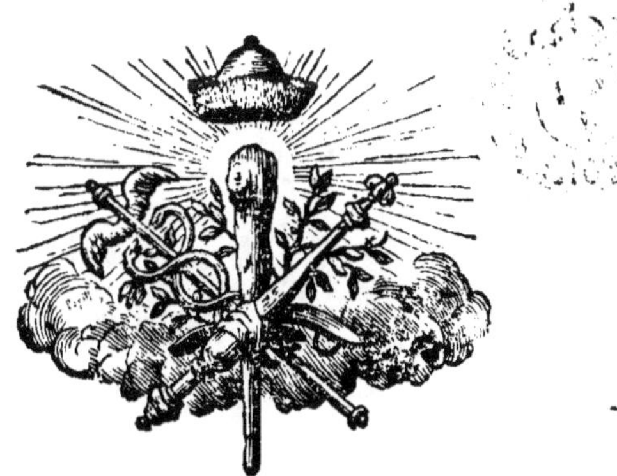

A GENEVE,

Chez HENRI-ALBERT GOSSE & COMP.

MDCCXL.

D. 7222.
A. B.

21590.

AVERTISSEMENT

DU

TRADUCTEUR.

C'EST ici le commencement d'un plus grand Ouvrage. J'ai entrepris de rendre en nôtre langue les *Differtations Latines* de Mr. TURRETTIN, sur la *Vérité de la Religion Chrétienne* ; ne croyant pouvoir rendre un meilleur service à l'Eglise, dans un tems où l'incrédulité a be-

* 2

foin

ſoin d'être repouſſée par les plus fortes armes.

Ces Diſſertations ayant été dreſſées en forme de Thé-ſes, pour être ſoutenues en divers tems dans nôtre Aca-démie, il a fallu changer cette forme ; joindre en-ſemble quelquefois des cho-ſes qui étoient ſéparées ; mêler les objections avec les preuves, au lieu qu'el-les faiſoient corps à part ; & même étendre & forti-fier certains endroits, pour s'accommoder au beſoin & au goût du plus grand nombre des Lecteurs. Le plus eſſentiel de ces addi-tions eſt entré dans le tex-te ;

te ; le reste est mis en *Notes*, en faveur de ceux qui aiment de plus amples éclaircissemens, & des preuves plus circonstanciées des faits alleguez. Mais afin que le Public ne se prévienne pas contre ces changemens, & ne blame pas la liberté de ma Traduction, je dois l'avertir que je n'ai rien fait qu'avec l'approbation & sous les yeux de l'Auteur. C'en est une preuve assez forte que le silence que je suis contraint de garder sur les grands éloges qu'il mérite, & sur la reconnoissance que je lui dois.

Ce prémier morceau fera bientôt suivi d'un autre tout pareil fur *la Vérité de la Religion Judaïque.* Les autres viendront peu à peu; & l'on ne defefpére pas même de reprendre les chofes de plus haut, c'eft-à-dire, d'aller jufqu'à la *Théologie Naturelle,* que Mr. Turrettin a commencé de publier. Ceux qui prendront la peine de recueillir ces Brochures, pourront en former des Volumes à leur gré. On n'a pas voulu tarder d'avantage à publier une partie de ce travail, tant pour répondre à l'invitation de plufieurs

fieurs perfonnes, & au bruit qui s'en eft répandu, je ne fai comment, dans les Journaux, que pour preffentir le goût du Public, fur le tour que l'on donne à cet Ouvrage. Un fujet fi délicat & fi important veut être manié avec toute la circonfpection poffible. C'eft pourquoi de quelque part que nous viennent des avis ou des objections, nous les recevrons avec plaifir, & nous tâcherons d'en profiter. Quand on ne cherche que la vérité, on doit fe fentir plus obligé à des Cenfeurs qui nous corrigent,

qu'à

qu'à des amis qui nous flat-
tent.

TRAITE'

TRAITÉ
DE LA VERITÉ
DE LA
RELIGION
CHRETIENNE.

SECTION I.

Du besoin que le Genre Humain avoit de la REVE-LATION.

CHAPITRE PREMIER,

Servant d'Introduction, & où l'on éclaircit l'état de la question avec les DEÏSTES.

LES Incrédules, contre lesquels on a tant écrit dans ce Siécle, ne sont pas tous du même ordre. Les uns, qu'on appelle

A   *Athées,*

Athées, ne veulent entendre parler en aucune façon de Religion ni de Divinité, ce qui est le comble de l'égarement. Les autres, connus sous le nom de *Déistes*, admettent à la vérité une sorte de Religion, mais qui n'est qu'une Philosophie, fondée sur le raisonnement humain, sans reconnoître l'autorité de l'Ecriture Sainte, ni d'aucune Révélation. Ce sont ces derniers que l'on a en vûë dans cet Ouvrage. On auroit tort assûrément de les confondre avec les prémiers. Ils retiennent plusieurs grands Principes qui sont rejettez par les autres. Peut-être même que ce qui en arrête un grand nombre, n'est qu'une fausse idée qu'ils se sont faite du Christianisme. S'ils le prenoient dans sa pureté, & qu'ils eussent soin d'en séparer les Doctrines ou les Explications purement humaines, qu'on n'y a que trop souvent mêlées, ils verroient qu'un homme qui est sincérement attaché à la Religion naturelle, c'est-à-dire, qui croit un Dieu, une Providence, des Régles de Morale, & une Vie à venir, comme la Raison

son

Qui sont ceux que cet Ouvrage regarde.

son le dicte, n'a qu'un pas à faire pour devenir Chrêtien. Le malheur est qu'en ceci plusieurs agissent, ou de mauvaise foi, ou imprudemment, & que si le milieu qu'ils se piquent de tenir n'est pas un Athéïsme déguisé, comme on le pourroit craindre, c'est au moins le grand chemin de l'Athéïsme. Sous ombre de nous ramener à la Religion naturelle, on va sourdement, (peut-être sans le vouloir) à déraciner toute Religion. Si la vûë de cet écueil est capable de les retenir, il sera facile de le leur montrer à découvert. C'est le but de cette prémiére Section, où l'on fera sentir combien il nous importe d'avoir une *Loi positive* émanée du Ciel, qui serve d'appui & de supplément à la *Loi naturelle*. Il est vrai qu'il suffiroit de prouver d'abord que Dieu nous en a donné une, & qu'en ceci le fait entraine le droit, puisque la Sagesse Divine n'agit jamais sans de bonnes causes. Mais comme il y a diverses considérations à faire sur le besoin d'une Révélation en général, & que cela étant une fois reconnu, dispose l'esprit à écou-

Dessein de l'Ouvrage.

A 2 ter

ter plus volontiers les preuves qu'on alleguera dans la suite , nous avons crû que cette espéce de préalable devoit entrer dans nôtre plan. Le Lecteur jugera , par la nature des choses que nous avons à dire , si ç'a été mal à propos.

Qu'il y ait une connoissance *naturelle* de Dieu & des prémiéres Véritez , qui se soit manifestée chez les Payens mêmes , c'est ce que l'experience a fait voir (1) & que l'Ecriture confirme quand elle dit que *ce qui se peut connoitre de Dieu , leur a été manifesté* ; afin qu'*ils cherchent le Seigneur comme en tâtonnant , bien qu'il ne soit pas loin de chacun de nous , puisque c'est par lui que nous avons la vie, le mouvement & l'être*; que *les perfections invisibles de Dieu , sa*

Puis-

Fondement de la Religion naturelle posé d'un commun accord.

Rom. I. 19.
Act. XVII. 27.

Rom. I. 20.

(1) Il y a lieu de s'étonner que SOCIN, qui en tout autre article donne tant à la Raison, l'ait rabaissée dans celui-ci jusqu'à nier que l'on puisse connoître Dieu par des voyes naturelles. *Prælect. Theolg.* Cap. II. Mr. TURRETTIN a refuté ses Argumens l'un après l'autre, dans la Dissertation *De Theologia Naturali in Genere.* Ils sont si frivoles, que ses propres Disciples, *Volkelius, Crellius* & d'autres , n'ont pas fait difficulté de l'abandonner en ce point.

Puiſſance éternelle & ſa Divinité, ſe voyent comme à l'œil depuis la création du monde, quand on conſidére ſes ouvrages; que les Gentils, qui n'ont point la Loi, ſe tiennent lieu de Loi à eux-mêmes, faiſans voir par les ſentimens naturels de la conſcience, que les Commandemens de la Loi ſont écrits dans leurs cœurs, & connoiſſans bien que, ſuivant le Droit Divin, ceux qui vivent mal ſont dignes de mort.

Rom. II. 14.

Rom. I. 32.

Mais outre cette Lumiére commune, Dieu a bien voulu ſe communiquer par une autre voye, ſavoir, par des Révélations accordées en divers tems, ſoit pour mettre dans un nouveau jour les Véritez primitives, ſoit pour y joindre les remédes convenables à l'état de l'Homme dégradé & corrompu. Une telle grace doit ſans doute nous être fort précieuſe, & dans l'état où eſt tombé le Genre Humain, rien n'étoit plus déſirable pour lui. Cependant les *Déiſtes* s'éloignent de cette voye, & rejettent toute Révélation, non-ſeulement comme ſuſpecte de fauſſeté, mais encore comme inutile, pré-

Révélation ajoûtée à la lumiére naturelle. *Tertul.* Apol. 18.

Oppoſition des *Déiſtes.*

A 3   ten-

tendans qu'il eſt plus ſûr & plus facile de s'en paſſer que d'y avoir recours. ,, Que ne s'en tient - on , *diſent-* ,, *ils* , à la ſimple Loi naturelle qui ,, eſt commune à tous les Hommes ,, & propre à les faire vivre en paix, ,, ſans y ajoûter de nouvelles Doctri- ,, nes , qui , dans ce qu'elles ont de ,, bon , ne nous apprennent rien que ,, la Raiſon ne dicte également , & ,, qui du reſte ne font que donner ,, lieu aux diſputes par des additions ,, ou ſuperfluës ou mauvaiſes ,, ?

Ainſi raiſonne *Uriel Acoſta* (2) dans l'Abrégé qu'il a donné de ſa vie. Ce diſcours a quelque choſe de ſpécieux ; mais en l'examinant de près on trouvera qu'il porte à faux d'un bout à l'autre. Car 1°· Il ne s'agit pas ici uniquement de s'arrêter à des raiſons de convenance , quoi- que nous ayons crû qu'il étoit bon de débuter par-là. C'eſt principale- ment le fait qui doit décider. Dieu

a-t-il

______

(2) C'étoit un faux Chrétien Portugais , qui alla judaïſer à Amſterdam , & qui étant mal- traité par la Synagogue de cette Ville, le jetta dans le parti de l'incrédulité. Il a fait ſon hiſtoire ſous le titre de *Exemplar Vitæ humanæ,* qui eſt à la fin du Livre de Mr. LIMBORCK, intitulé, *Amica collatio cum erudito Judæo.*

a-t-il parlé, ou non? S'il a parlé, ce n'eſt point une choſe libre ni indifférente que de l'écouter ou de ne l'écouter pas ; chacun eſt obligé de ſe ſoûmettre.

2°· Il n'eſt pas vrai que la ſimple Raiſon renferme tout ce qu'il y a de bon dans l'Ecriture (3). Nous verrons en ſon lieu qu'il s'y trouve des Véritez importantes, des promeſſes, des menaces, des éclairciſſemens, des motifs, que la ſeule Lumiére naturelle ne fourniſſoit point.

3°· Bien loin que ces *additions* ne ſoient propres qu'à broüiller les eſprits, comme on le prétend, il ſeroit aiſé de faire voir qu'elles tendent toutes à l'édification & à la paix. Si pluſieurs s'en ſervent à d'autres fins, on doit ſe ſouvenir qu'il n'y a rien de ſi parfait dont la malice humaine n'abuſe, & que la Loi naturelle n'eſt pas elle-même à l'abri de cet inconvénient.

Enfin il y a de l'illuſion à nous oppoſer ſans ceſſe le NATURALISME,

A 4 à

____

(3) L'on pourroit dire avec plus de fondement, que les *Deïſtes* ont tiré eux-mêmes de l'Ecriture tout ce qu'ils diſent de bon. Voyez ci-deſſous, *Chap.* VI.

à nous, qui profeſſons préciſément la Religion naturelle rétablie & confir- mée par JESUS-CHRIST. (4) N'eſt-ce point faire comme ces Chefs de Sé- dition qui crient toûjours *Liberté*, bien que la vraye liberté ſe trouve plûtôt dans le Gouvernement établi, que dans l'Anarchie où les factieux aſ- pirent ? La queſtion n'eſt pas, s'il faut ſuivre la *Loi naturelle*. Nous en ſommes tous d'accord ; il ne s'a- git que de ſavoir par quelle voye on y parviendra le mieux, de la Phi- loſophie ou de la Révélation. Les Déïſtes s'en tiennent à la prémiere, à l'excluſion de l'autre ; Nous croyons qu'on doit les joindre toutes deux, comme ſe prêtans du jour récipro- quement. Partiſans plus zélez qu'eux de cette *Loi naturelle*, nous ſou- te-

La Révélation fortifie la Lumiére naturel- le, bien loin de l'exclurre.

Il faut joindre ces deux flam- beaux.

(4) CLEMENT ALEXANDRIN montre cette conformité, *Stromat. Lib.* I. vers la fin. Voyez ci-deſſous, *Sect.* II. *Chap.* IV. Et VIVES dépeint ainſi le but de la venuë de JESUS- CHRIST : *Miſſus eſt ad nos cœlitus Magiſter veritatis, repurgator tanti cœni, corrector pravita- tis, inſtaurator naturæ lapſæ, qui hominem puri- tati illi atque innocentiæ primæ in ſentiendo & ſa- piendo reſtitueret. Depulit ergo è mentibus ſuorum ignorantiam & caliginem, quam invexerat pecca- tum, & reſtituit veros illos atque integros ſenſus naturæ ſincera atque incorrupta.* De Verit. Fidei, *Lib.* I.

tenons qu'elle eſt pleinement incor-
porée dans l'Evangile, avec cet
avantage, que le droit en eſt éclair-
ci & appuyé beaucoup mieux qu'il ne
le feroit dans un Livre purement humain. S'agit-il de défendre les droits
de la Raiſon ? on nous voit les prémiers à les faire valoir contre les Pyrrhoniens & les Athées (5) : Ceſt,
diſons-nous, un Don divin, une Lumiére céleſte, à laquelle il feroit à
ſouhaiter que tout le monde ouvrît
les yeux ; & l'on ne ſauroit rendre
un plus mauvaiſe office à la Théologie, que de la dépouïller, comme
font quelques-uns, des fondemens
qu'elle a dans la Nature, pour re-
lever l'œuvre de la Grace. Mais
auſſi, ce n'eſt pas une extrêmité
moins vicieuſe que d'exclurre la Foi,
pour donner tout à la Raiſon. Une
expérience trop certaine nous fait juſ-
tement

(5) Il eſt remarquable qu'aucun *Déiſte* n'ait
entrepris un Traité de *Religion Naturelle.* Tout
ce que nous avons ſur cette matiére vient de
la plume des Chrétiens. On peut juger par-là
qui des uns ou des autres ont le plus de zéle
à cet égard. Les *Déiſtes* ne ſe montrent que
quand il s'agit de prêter la main aux *Athées,*
pour abattre & pour détruire ; on ne les voit
jamais édifier.

tement appréhender les fuites d'un tel parti (6). Ouvrons l'Hiftoire, & confidérons un moment l'état des Peuples qui n'ont point été favorifez de la Révélation. Cet exemple, mieux que tous les raifonnemens du monde, nous apprendra dequoi l'Homme eft capable tant qu'il n'a que lui-même pour guide.

CHAPITRE II.

De l'égarement où font tombez tous les Peuples privez du flambeau de la REVELATION.

Idolatrie & Superftition déplorable de tous les Peuples avant la Venuë de Jesus-Christ. CHacun fait qu'avant la Venuë de Jesus-Christ, tous les Hommes, excepté les Juifs, étoient plongez dans l'Idolâtrie; les uns adorans les Aftres; d'autres les Démons, & les Génies; plufieurs les Héros, qui n'é-

(6) Voyez l'excellent *Traité de Religion Naturelle*, du Docteur *Samuel* Clark, Chap. X.

(1) Voyez le *Difcours* de Mr. de Meaux, fur l'*Hiftoire Univerfelle*, P. II. Ch. V. *Clément d'Aléxandrie* fe plaint qu'ils ont fait du Ciel un Théatre. *Admon. ad Gentes*, pag. 39. *Et quod effet incredibile nifi conteftatiffimè probaretur, hæc ipfa theatrica crimina Deorum fuorum in honorem inftituta effe eorumdem Deorum;* August.
de

n'étoient souvent que d'illuftres Scé-
lerats. Quelques - uns portoient la
ftupidité jufqu'à vénérer des Animaux, des Plantes, des chofes ina-
nimées. Prefque tous fe forgeoient
des fimulachres, & fe profternoient
devant l'œuvre de leurs mains. L'on
a même vû des Autels érigez à des
chofes purement accidentelles, à la
Santé, à la *Fortune*, & (ce qu'on
auroit peine à croire, fi de bons
Monumens n'en faifoient foi,) à la
Fiévre, à la *Peur*, à l'*Impudence*.
Pour un DIEU, ils s'en forgeoient
mille ; pour un Etre éternel, fpiri-
tuel, faint & immuable, ils ima-
ginoient des Divinitez charnelles, de
différent fexe, fujettes aux mêmes
paffions que nous (1). A cet égard
les Nations polies ne fe diftinguoient
pas des plus fauvages. On nous

van-

de *Civ. Dei*, *Lib. IV. C.* 10. C'eft pourquoi Mr.
BAYLE dit, qu'on eft tenté de prendre cela
pour des calomnies inventées contre le Genre
Humain. Cependant, ajoûte-t il, il n'eft que
trop vrai, à la honte de l'Homme, que les
Livres des anciens Péres de l'Eglife, fur ce fujet, ne refutent que des Erreurs très-réelles,
& qui ont même trouvé des Défenfeurs parmi
les Savans. *Penfées diverfes fur les Cométes*, T.
I. §. 124. Voyez auffi les *Prolégomenes* de Mr.
LE CLERC fur l'*Hiftoire Eccléfiaftique*, Sect. II.
& l'ample Traité de VOSSIUS *de Idololatria
Gentili.*

vante la fageffe des Chaldéens. *Ba-*
bylone pourtant adoroit un *Dragon*,
& croyoit que le *Dieu Bel* (2) venoit vifiter des Femmes, & prendre des repas dans fon Temple. Si
l'Egypte étoit la mére des Beaux
Arts, elle n'étoit pas moins la mére des Superftitions.   Qui ne feroit
furpris de voir fes Habitans rendre les
derniers refpects au bœuf *Apis*, &,

l'encenfoir à la main, chercher les Crocodiles?

Les *Brachmanes*, tout fages qu'on
nous les dépeint, n'étoient que des
Enfans en matiére de Religion, &
ce qui refte aujourd'hui de fables &
d'abfurditez chez les *Bramines* (3),
ne fait pas honneur à leurs Ancêtres,
de qui ils les ont héritées.   Il y a peu
de Nations qui faffent une auffi belle
figure dans l'Hiftoire que les *Phéni-*
ciens.   Rien de plus floriffant que leurs
Villes, ni de plus induftrieux que les
Habitans de ce Pays-là. Mais pour des
idées

(2) HERODOT. *Lib. I.* c. 181. On croyoit la
même chofe à *Thebes* en Egypte. *Ibid.* L'on
fait auffi l'avanture de *Pauline*, qui fut demandée
au nom du *Dieu Serapis.* Les Mages croioient
les Dieux corporels. *Diog. Laërt. in Proœm.*
(3) Voyez ce que Mr. DE LA CROZE en dit
à la fin de fon Livre du *Chriftianifme des Indes.*

idées de Religion, c'étoit la groffiere-
té même. On en jugera par ce trait:
Lorfqu'Aléxandre affiégeoit *Tyr*, ils
garrotterent prudemment la Statuë
d'*Hercule*, de peur que ce Dieu ne
leur échapât. Ces gens-là vouloient
abfolument avoir leurs Dieux entre
leurs mains. Les *Ephéfiens* ne fe
montrérent pas moins avifez, quand
pour retenir *Diane* parmi eux, ils
liérent fon Temple avec des cor-
des au mur de leur Ville. Paffons
de-là chez les *Grecs*. Leur réputation
femble nous promettre quelque chofe de plus raifonnable; c'eft d'eux
que nous tenons les Sciences & le
bon goût. Cependant quelle étoit
leur Théologie? Pour en donner
l'idée en un mot, il fuffit de dire,
qu'elle confiftoit dans ces ridicules
fables de *Jupiter*, de *Bacchus*, de
Neptune, &c. que leurs Poëtes ont
chantées férieufement, & dont les nô-
tres fe fervent aujourd'hui pour
égayer leurs compofitions. L'on
fait auffi jufqu'où alloit leur crédulité pour les Oracles (4), fur tout
pour

(4) Les Oracles n'étoient vrai-femblablement
que des fourberies de Prêtres, comme l'a mon-
tré *Vandale*, & d'après lui Mr. *de Fontenelle*.

pour celui de *Delphes*, dont les réponses décidoient souverainement de la Guerre & de la Paix. Enfin tout ce Pays étoit si plein de Monumens superstitieux, que l'on ne pouvoit faire un pas sans en rencontrer quelqu'un ; ce qui a fait dire à un Satyrique, qu'*Athénes* étoit autant peuplée de Dieux que d'Hommes. *Rome* n'en étoit pas moins infectée. Cette Capitale du Monde, en adoptant les Cultes des Nations vaincuës, en fut comme subjuguée à son tour (5). Rome devint l'égout des Superstitions de l'Univers (6). Ce Peuple, si grand par le génie & par le cœur, n'est pas reconnoissable (7) dès qu'il s'agit de Religion. Au moindre bruit d'un Tremblement de Terre, ou de la naissance d'un Monstre, ce sont des expiations toutes plus bizarres les unes que les autres. Quelqu'un a-t-il rêvé que

que

à *Rome.*

---

(5) Denys d'Halicarn. L. 2. Diod. *de Sicile*, Fragment du Liv. 36. Juvenal Satyre 13. Prudence *contre Symmache*.

(6) Il y avoit à *Rome* des milliers de petites Divinitez toutes plus ridicules les unes que les autres. Voyez le *troisiéme Livre* d'Arnobe.

(7)

que la Déeſſe du Mont *Ida* veut être ſervie à Rome ? Auſſi - tôt l'on depêche des Ambaſſadeurs pour aller querir ſon Idôle, qui eſt une pierre informe ; le Peuple court en foule au-devant d'elle, de graves Sénateurs vont la recevoir, on l'améne en pompe dans la Ville, les rües ſont bordées d'Autels & fument d'Encens. Faut - il donner bataille ou décider d'une affaire publique ? Les *Haruſpices* ſont conſultez, & du vol d'un oiſeau, des entrailles d'une victime, de la maniére dont mangent les Poulets ſacrez, on fait dépendre les plus importantes délibérations (8). Voulez-vous paſſer chez les *Gaulois ?* Nonobſtant la prétenduë ſcience de leurs Druïdes, vous les verrez indignement proſternez devant des Idôles. Le même aveuglement régnoit chez les *Germains*, & chez les *Scythes.* Vers quelque partie du Monde que vous tourniez les yeux,

vous

Tite-Live.L.29. C. 14.

dans l'Occident & vers le Nord.

----

(7) Quand ils s'appliquent à la Religion, ils paroiſſent comme poſſédez par un eſprit étranger, & la Lumiere naturelle les abandonne. Bossuet *Diſcours ſur l'Hiſtoire Univerſelle,* P. II. C. V.

(8) *Pullorum cibo vel faſtidio reſpublica ſumma regitur.* Minut. Felix.

vous ne trouverez que des Peuples qui, selon le reproche de S. PAUL,

Rom. I. 25. *ont changé la Vérité de Dieu en des choses fausses, adorans & servans la Créature, plûtôt que le Créateur, qui est béni éternellement.* (9)

Cultes infames & cruels
Pour la nature du Culte, on peut bien juger qu'il étoit assorti aux fausses idées qu'on s'étoit faites de la Divinité. C'est peu de dire que tout se réduisoit à un vain extérieur & à une pompe frivole. Le mal ne s'arrêtoit pas là. Un Dieu comme *Bacchus* demandoit qu'on s'enyvrât

à

(9) Une bonne partie de l'Epître aux *Romains* est employée à faire voir la nécessité de l'Evangile, vû l'insuffisance de la Philosophie & de la Loi Judaïque, & vû l'égarement où étoient tombez les Juifs & les Payens.

(10) Voyez le *Protrepticon* de CLEMENT ALEX. MINUTIUS FELIX. S. AUGUSTIN *de la Cité de Dieu*, Liv. VII. Chap. 21. & 26. THEODORET *contre les Grecs*, L. III. & VII. Dom CALMET sur le XIX. du *Levit.* & le XXIII. du *Deuter.* SOLON avoit érigé à *Venus* un Temple, qui étoit gardé & entretenu par des Femmes de mauvaise vie. ATHENÉE Liv. III STRABON Liv. XV. LUCIEN dans *la Déesse de Syrie*, parle d'une Ville où les Femmes consacroient à *Venus* le prix de leur prostitution. La même chose se pratiquoit en *Chypre*, selon JUSTIN. *Lucien* fait encore mention des Figures obscénes dont les Temples de Syrie étoient ornez. On sait quel étoit l'infame Culte du *Phallus* & de *Priape*. On peut voir aussi ce qui
se

à fon fervice, & l'on ne pouvoit mieux honorer *Venus* qu'en imitant fes impudicitez. De-là l'horrible licence des *Bacchanales* & d'autres Fêtes (10) dont on ne fauroit parler fans rougir. Souvent même la Religion fe tournoit en inhumanité. Les Peuples voifins de la Judée faifoient paffer leurs Enfans par les flammes devant *Moloch.* D'autres offroient les leurs à *Baal.* Les *Phéniciens* faifoient la même chofe pour *Saturne*, (11) croyans devoir ainfi honorer un Dieu qui avoit dévoré fes propres Enfans. Cette aveugle fureur paffa à *Carthage*, où dans les cala-

2. Rois XVI.

B mi-

fe pratiquoit en l'honneur des *Boucs* & des *Faunes*, dans l'*Hierozoïcon de* BOCHART; & dans le *Commentaire* de Mr. LE CLERC fur le XVII. du *Lévitique.* Rien n'étoit plus fale que les myftéres d'Adonis, de Cybele, *Magnæ Matris*, & de Flora : *Florales ludi cum omni lafcivia celebrantur*, dit LACTANCE, Lib. I. Cap. xx. jufques là qu'on eut honte de les répréfenter devant *Caton*, à ce que rapportent *Seneque*, *Martial*, & *Plutarque. Ciceron* reprend ces Fêtes nocturnes des Femmes dans fon 2. Livre *des Loix.*

(11) Voyez feulement SELDEN *de Diis Syris.* LUCIEN à la fin de la *Déeffe de Syrie*, raconte qu'il y avoit des Syriens qui précipitoient leurs Enfans la tête dans un fac.

Diod. Sic. L. 13. & L. 20. Justin. L. 18. c. 6. Silius Ital. L. 4.

mitez publiques le Sénat ne manquoit pas d'avoir recours à ces horribles Sacrifices. Autant en faisoient les Habitans des *Gaules* (12), de l'*Allemagne*, & des *Pays Septentrionaux* (13). Cette barbarie n'étoit pas même inconnuë aux *Grecs*, à en juger par l'Histoire d'*Iphigenie* & par d'autres traits moins connus (14). STRABON rapporte qu'en *Italie*, non

Geogr. Lib. 5.

loin d'*Albe*, il y avoit anciennement
ment

(12) CICERON *pro Fonteio.* CESAR *de Bello Gallico*, Lib. VI. DIOD. *de Sic.* Lib. VI. C. IX. JUSTIN Lib. XXVI. C. 2. STRABON, Lib. IV. TACITE *de Moribus Germanorum.* PLUTARQUE *de la Superstition.* SAUBERTUS *de Sacrificiis.*

(13) Les *Bretons* imitoient la coûtume des *Gaulois.* PLINE Lib. XXX. C. I. Cet Auteur ajoûte que c'étoit un abus général : *Ista toto mundo consensère, quanquàm discordi & sibi ignoto.* Les *Scythes* versoient le sang des Etrangers à l'honneur de *Diane.* STRABON Lib. XII. LUCIEN *des Sacrifices.*

(14) Les *Phocéens* brûloient un Homme tout vif à l'honneur de *Diane.* EUSEBE, *Præpar. Ev.* Lib. IV. C. 16. Les *Rhodiens* immoloient tous les ans un Homme à *Saturne*; les Habitans de *Salamine* en Chypre faisoient la même chose pour *Diomede*, & une certaine Ville de *Crete* pour *Jupiter.* PHILON rapporte qu'*Aristomenes* sacrifia au même Dieu trois-cens personnes en un jour. Les *Arcadiens* immoloient des Hommes dans la Fête des *Lupercales.* Voyez POR-

ment un Temple, où l'on offroit à Diane des victimes humaines (15). A *Rome* nous voyons *Curtius* & les deux *Decius* se dévoüer à la mort, dans la pensée, que les Dieux vengeurs demandoient du sang humain. Plus d'une fois l'on y enterra des Hommes, (16) pour conjurer les périls dont la République étoit menacée. De-là encore ces Jeux sanglans de Gladiateurs, instituez originairement pour quel-

B 2

que

PHYRE, cité par EUSEBE, *Præp. Ev.* Lib. IV. C. 16. Un Oracle ordonna aux *Pélasges* de décimer leurs Enfans. DENIS D'HALIC. Lib. I. Les *Athéniens* offrirent aux Dieux le sang de la fille d'*Erechtée*, (Eusebe, *ibid.*) & dans l'épouvante, que leur causa la venuë de *Xerces*, ils immolerent trois Hommes à *Bacchus* surnommé le *Cruël*. PLUTARQUE dans la *Vie de Themistocle.*

(15) La même chose est attestée par *Lactance*, Lib. II. & par *Denis d'Halic.* Lib. I.

(16) TITE-LIVE, Lib. XXII. C. 57. PLIN. Lib. XXVIII. C. 2. JUSTIN Martyr, *Apol.* I. *Minutius Felix.* PLUTARQUE dans la Vie de *Marcellus.* CICERON, qui déclame, comme nous l'avons vû, contre la barbarie des Gaulois, auroit bien dû se souvenir de ces exemples arrivez dans son propre Pays. Il paroît par un endroit d'*Herodote*, Lib. VII. C. 114. qu'en Perse l'on faisoit aussi mourir sous terre des Garçons & des Filles, pour appaiser les Dieux infernaux.

que Solemnité religieuse, (17) & qui devinrent dans la suite le spectacle familier des Romains.

Lib. I. *Tantum Relligio potuit suadere malorum!* comme disoit fort bien LUCRECE, eu égard aux Religions de son tems.

dans le Livre des Sacrifices. *Lucien* faisant la revuë de toutes ces profanations, trouvoit qu'elles ne méritoient pas d'être refutées sérieusement ; & qu'il ne faut qu'un *Heraclite* pour en pleurer, & un *Democrite* pour en rire.

Il

(17) *Ece strada à così fatto instituto un motivo di Religione*, dit le Marquis SCIPION MAFFEÏ, De gli Anfiteatri, *Lib. I. p. 3. Æquè spectaculis vestris in tantum renunciamus, in quantum originibus eorum, quas scimus de superstitionibus conceptas.* TERTULL. *Apol* C. 38. CAPITOLIN, dans la Vie de *Maxime* & de *Balbin*, dit : Que plusieurs croyent que ça été là une dévotion établie chez les Anciens pour appaiser la *Déesse Nemesis* par du sang. C'est pourquoi *Arnobe* Lib. I I. appelle les Amphithéatres *loca sanguinis & publicæ impietatis.* Et *Lactance* Lib. V I. C. 20. *Hos tamen ludos vocant in quibus sanguis humanus effunditur.* Voyez aussi la Seconde Lettre de S. CYPRIEN *ad Donatum.* TERTULLIEN, *de Spectaculis.* EUSEBE *Prepar. Ev.* Liv. IV. Ch. 16.

(18) *Sancta obscœnitas ludorum Floræ*, dit ARNOBE, Lib. III. DENIS D'HALICARNASSE reconnoît Lib I I. que les Fables Grecques étoient propres à gâter les mœurs, en ce que le Peuple n'est porté à s'abstenir d'aucun vice, voyant que les Dieux mêmes y sont sujets. SENEQUE dit aussi fort bien, dans son Livre de la Brieveté de la Vie : *Quid aliud est vitia incendere quàm auctores*
inscri-

Il est aisé de comprendre quel poison c'étoit pour la Morale, qu'u-ne Théologie qui consacroit les vices dans la personne même des Dieux, & qui changeoit les *Mysté-res* en Ecôle de Luxure (18).   Un Scélerat n'avoit, pour faire son Apologie, qu'à montrer les Tableaux, dont les Temples étoient ornez (19); ce qui faisoit dire ironiquement à

Suites pernicieuses de cette Théologie pour la Pratique.

B 3   CLE-

inscribere Deos, & dare morbo, exemplo Divinitatis, excusatam licentiam ? Et SILIUS ITAL. Lib. IV.

    Heu primæ Scelerum cauſſæ mortalibus ægris,
    Naturam neſcire Deûm !

Voyez aussi le *Catéchisme de Grenade*, Tom. III. page 409. JUSTIN MARTYR dans son *Exhortation aux Grecs*, rapporte un endroit de l'*Ion d'Euripide*, où il introduisoit un personnage, disant : Il ne faut plus appeller les Hommes méchans quand ils ne font qu'imiter les actions des Dieux ; mais la haine en retombe sur ceux qui enseignent ces choses. Et PLUTARQUE dans la *manière de lire les Poëtes*, parle d'un Homme qui donnoit à *Diane* l'épithete de *furieuse*; sur quoi quelqu'un lui fit ce souhait : Puisses-tu avoir une Fille qui lui ressemble !

(19) C'est ce qui arrive dans une Piéce de *Terence*, où une jeune Fille se laisse séduire par l'exemple de *Danaë* & de *Jupiter*, dont l'Histoire étoit représentée sous ses yeux.

—— *Dum apparatur, virgo in conclavi ſedet*
Suspectans tabulam quandam pictam, ubi inerat
    pictura hæc, Jovem
Quo pacto Danaæ miſiſſe aiunt quondam in gremium
    imbrem aureum.

EUNUCH.
Act. III.
Sc. 5.

Egomet

CLEMENT ALEXANDRIN : *Que
vos femmes invoquent ces Divinitez,
les priant d'inspirer de la chasteté à
leurs Maris. Que vos Enfans apprennent à révérer de tels Dieux pour se
former à la débauche par leurs leçons
& leur exemple.* Et à LACTANCE:

**Lib. V.
C. 10.**

,, Il n'est pas mal-aisé de dire pour-
,, quoi les Idolâtres ne peuvent être
,, justes & bons.   Car comment
,, s'abstiendroient du sang, ceux qui
,, adorent des Dieux sanguinaires,
,, tels que *Mars & Bellone* ? Com-
,, ment porteroient respect à leurs
,, Péres, ceux qui honorent un *Ju-*
,, *piter* qui a dépoüillé le sien ?
,, Et comment se croiroit-on obli-
,, gé d'aimer ses Enfans, tandis qu'on
,, rend hommage à *Saturne* ? Cher-
,, cherez-vous de la pudeur parmi
,, des gens qui servent une Déesse
,, lascive & prostituée ?   Et quelle
,, fidé-

*Egomet quoque id spectare cœpi.   Et quia consimi-
    lem luserat*
*Jam olim ille ludum, impendio magis animus gau-
    debat mihi.*

- - - - - -

*At quem Deum ! qui templa cœli summa sonitu con-
    cutit.*
*Ego homuncio hoc non facerem ?   Ego verò illud
    feci ac lubens.*

,, fidélité peut-on attendre de ceux
,, que l'exemple de *Mercure* inftruit à
,, fe joüer du larcin ? Eft-ce au fer-
,, vice de *Jupiter*, d'*Hercule*, d'*Apol-*
,, *lon*, ou de *Bacchus* qu'on apprendra
,, à réprimer fes paffions, eux dont
,, les infamies font publiques jufqu'à
,, être chantées en plein Théatre ?
,, L'Innocence même fe corrom-
,, proit à une telle Ecôle ; Et com-
,, ment les Hommes feront-ils juftes,
,, fi les Dieux mêmes les dreffent
,, au crime ? Pour fe les rendre
,, propices, fans doute, il faut les
,, fervir felon leur goût ; car le
,, vrai Culte confifte dans l'imita-
,, tion, & il eft naturel de régler
,, fa vie fur la nature de l'objet
,, qu'on adore (20).

Un autre Point capital & qui fait
le principal appui de la Morale,
après la connoiffance de Dieu, c'eft
l'attente d'une vie à venir. *Car,*
comme dit L*ACTANCE*, *ceux qui*
ignorent le myftére de la deftination
de l'Homme, & qui, à caufe de cela,

B 4   *rap-*

Idée de la Vie à venir dé-figurée.

Lib. V. C. 18.

____

(20) C'eft pourquoi T*ERTULLIEN* difoit ; *Quid ergo* (perjuros, inceftos, adulteros) *damnatis, quorum collegas adoratis ? Deos facite criminofiffimos quofque ut placeatis Diis veftris.* Apol. C. XI.

rapportent tout à la vie préfente, ne peuvent connoître ce que c'est que la Justice dans toute sa force. Or quoi que l'idée d'une autre vie ne fût pas éteinte chez les Payens, il est certain pourtant qu'elle étoit fort défigurée. Rarement la mettoit-on en œuvre pour porter les Hommes au bien. Les Mourans en étoient peu occupez, & ce que les Poëtes difoient des Champs Elyfées & du Tartare, n'étoit point pris au férieux (21). Ainfi la Morale denuée des grands fecours que la Religion lui prête, fe réduifoit à peu près aux Régles de la Vie Civile ; & encore ces Régles étoient-elles violées, non-feulement par des abus particuliers, qu'il ne feroit pas jufte de mettre en ligne de compte, mais par une licence publique & autorifée, par des coutumes entiérement contraires ou à l'équité ou à l'honnêteté naturelle. Outre celles dont nous avons déja parlé, & qu'une fauffe

Morale corrompuë.

____

(21) Voyez ce qu'en dit PLUTARQUE dans la *Maniére de lire les Poëtes*, & CICERON au I. des *Tufculanes* : *Quid negotii eft hæc Poëtarum portenta convincere ? - - - Quis eft enim tam excors quàm ifta moveant ?*

١ fauſſe idée de Religion produiſoit,
, on ſait que les *Perſes*, par exemple, ne faiſoient pas difficulté d'é-
pouſer leurs Méres, & que c'étoit
même une condition requiſe parmi
eux, pour devenir Chef des Mages,
que d'être né d'un pareil inceſte (22).
En *Egypte*, le Mariage entre Frére
& Sœur étoit permis, & cet uſage
avoit même paſſé à *Athénes* (23),
étant autoriſé par l'exemple de Jupiter & de Junon. Un Hiſtorien
rapporte, que dans la Ville d'*Helio-
polis* en *Phénicie*, toutes les Femmes étoient en commun (24), &
que l'on proſtituoit les Filles au prémier venu, enſorte qu'il n'y avoit
aucune diſtinction de Famille ni de
parenté. Il ſe paſſoit quelque choſe d'approchant en *Chypre* & à *Babylone*, en de certaines Solemnitez.
Et que dire de ces Peuples, dont la
férocité, au rapport d'EUSEBE, ſe
portoit à avancer la mort de leurs
péres

SOCRAT.
Hiſt. Ec-
clеſ. L.
I. C. 18.

JUSTIN.
L. XVIII.
HERO-
DOTE,
Liv. I.

*Præpar.
Evang.*
Lib. I.
C. 4.

(22) STRABON, Lib. XV. PHILON, *des Loix
particuliéres.* CLEMENT ALEX. *Strom.* Lib. II.

(23) Voyez MINUTIUS FELIX, & SAMUEL
PETIT *in Leges Atticas.*

(24) La Communauté des Femmes avoit auſſi
lieu chez les *Maſſagetes*, à ce que rapporte
Diogene Laërce dans la Vie de *Pyrrhon.*

péres, par une compassion mal-entenduë? Les *Hircaniens*, encore plus cruels, expofoient les leurs tout vivans en proye aux oifeaux & aux chiens. Les *Scythes* fe repaiffoient de chair humaine, & égorgeoient fur le bucher, ou enterroient avec le défunt les perfonnes qui lui avoient été cheres. On ne s'attend pas à trouver la même barbarie en *Grece* & à *Rome*. Cependant, outre les Spectacles fanglans de Gladiateurs, dont nous avons parlé, n'eft-ce pas une chofe affreufe que la liberté qu'un Pére avoit d'expofer fes Enfans, ou de les faire périr de quelqu'autre maniére quand il ne vouloit pas les élever (25)? On fait auffi de quel œil la débau-

(25) „Je vous vois, *dit* Minutius Felix, „tantôt expofer vos Enfans aux Bêtes fauva„ges & aux Oifeaux de proye, tantôt les fai„re périr de quelqu'autre maniére miférable„ment. Voyez auffi la IV. Scéne du 3e. Acte de l'*Heautontimorumenos* de Terence, les *Hiftoires diverfes* d'Elien, Liv. II. Ch. 7. L'*Apologétique* de Tertullien, Ch. 9. La *Seconde Apologie* de Justin Martyr; Lactance, Lib. vi. C.20. & le Livre de Mr. Noodt, intitulé, *Julius Paulus, feu de partûs expofitione & nece apud veteres.* Mr. Le Clerc dans fes *Prolegomenes* de l'*Hiftoire Eccléfiaftique*, reproche auffi aux Payens la coûtume, *abortum procurandi.* Sect. II. C. 1.

bauche y étoit regardée, & que les excès les plus abominables s'y commettoient ouvertement, fans qu'aucune Loi s'y oppofât (26). Tout cela marque une extrême dépravation du Droit naturel, ce qui faifoit que certains Philofophes voyans le jufte & l'injufte fi étrangement confondus, en prirent occafion de nier qu'il y ait aucun Principe fûr ni aucune Régle fixe de Morale, & fe moquerent de tout ce qui s'appelle fentimens de la Confcience.

Voyez Diogene Laërce, Lib. IX.

Telle étoit la contagion funefte qui infectoit le monde entier, avant la Venuë de JESUS-CHRIST, à la réferve du Peuple Juif, qui feul en

(26) La fimple Fornication étoit regardée comme une chofe indifférente. Voyez la *Harangue* de CICERON *pro Cœlio*, & plufieurs endroits de *Terence*. Le grave CATON lui-même n'en détournoit pas les jeunes gens. HORACE Liv. I. *Satyre 2.* Les excès contre nature étoient même publiquement tolerez, comme S. PAUL le reproche aux *Romains*, Ch. I. & S. JEROME dans fon Commentaire fur le II. Chapitre d'*Ifaïe*. TATIEN *contre les Grecs*, nous apprend, que *pæderaftia apud Romanos fic invaluerat, ut greges exoletorum velut equorum haberent.* Deux Empereurs Chrétiens, *Conftantin* & *Conftance*, furent les prémiers qui tâcherent d'arrêter le cours de ces abominations par la force des Loix. Voyez le troifiéme Livre du *Code* THEODOSIEN, & le trente-un du *Code* JUSTINIEN fur la Loi *Julia*, Novelle 71.

en fut préfervé par le moyen de la Révélation. Que fi du Paganifme Ancien on veut tourner les yeux fur les Peuples Modernes à qui l'Evangile n'eft point parvenu, on verra les uns vivre de rapine & fe nourrir de chair humaine ; les autres donner dans les plus groffiéres Superftitions ; ceux-ci, avoir perdu toute retenuë & vivre fans foi, ni loi; ceux-là adorer les Démons ; & tous enfemble, quoi-que partagez en autant de coûtumes & de cultes différens, que la bizarrerie humaine en peut inventer, s'accorder pourtant en ce point, de n'avoir confervé prefqu'aucun rayon de la Lumiére naturelle (27). Ceux qui mirent les prémiers le pié en *Amerique* y trouverent deux grandes impiétez regnantes, l'Idolâtrie & la Magie (28). Une grande partie de l'*Afrique* & de l'*Afie* eft couverte

des

_____

(27) Voyez le *Théatre de l'Idolâtrie* d'Abraham Roger ; & les *Religions du Monde*, d'Alexandre Ross.

(28) Confultez le *Catéchifme de Grenade*, Tome III. page 408. Hornius *de Origine Gent. Americ.* Lib. II. Les Hiftoires de *Joleph Acofta*, & ce que dit Mr. *Bayle* dans le I. Tome de fes *Penfées*

> des mêmes ténébres. Rien n'eſt ſi
ridicule, & en même tems ſi affreux
que la Mythologie des Indiens, &
les figures de leurs Idôles (29). Les
Chinois eux - mêmes, Nation d'ailleurs ſavante & bien policée, n'ont
pourtant pas ſçû éviter deux écueils,
ceux d'entr'eux qu'on appelle *Let-*
trez, étant devenus une eſpéce d'A-
thées, & le reſte étant Idolâtre.
Tous les Peuples privez de la Révélation ſont ainſi tombez dans l'oubli de Dieu & de la Loi naturelle,
& comme le dit Mr. DE MEAUX,
les Nations les plus éclairées ſe Diſcours
ſont trouvées auſſi aveugles que les ſur l'Hiſtoire
autres ſur la Religion; d'où il tire ſelle, P.
cette conſéquence, qui ſera auſſi la ΙΙ. *Ch.*
nôtre: *Tant il eſt vrai qu'il y faut* v.
être élevé par une grace particuliére,
& par une ſageſſe plus qu'humaine.

J'avouë que dans la revuë que Objec-
nous venons de faire, les *Mahome-* tion tirée de
tans

ſées *ſur la* Cométe, page 177. VIVE's dans ſes
Notes ſur S. AUGUSTIN *de Civit. Dei*, Lib. VII.
C. 19. parle d'une Iſle d'Amerique, où il y
avoit quantité de Statuës creuſes dans leſquelles
on faiſoit brûler des Enfans. *Hornius* rapporte
quelque choſe de ſemblable du *Japon*.
(29) Voyez le Sixiéme Livre du *Chriſtianiſme*
des Indes, par MR. DE LA CROZE.

l'exem-
ple des
Mahome-
tans

Réponses.

tans ne doivent point être confondus avec la foule, & qu'ils méritent une distinction particuliére. Mais si on recherche d'où leur vient cette prérogative, on verra, qu'à proprement parler, il ne faut pas les ranger parmi les Peuples qui n'ont point profité de la Révélation. Car tout ce que la Loi Musulmane a de bon, d'où l'a-t-elle pris, si ce n'est du Judaïsme & du Christianisme ? Et qu'auroit fait *Mahomet*, si ces Divines Lumiéres, déja répanduës dans le Monde, ne l'avoient éclairé sur divers points ? 2o. Cet exemple n'est rien moins que bon à citer en faveur du *Déïsme*. Car Mahomet n'a point agi en Philosophe, mais en Prophéte, se disant inspiré du Ciel. Sans cela il ne seroit point venu à bout de donner cours à sa Loi, & cela justifie ce que nous Ch. VI. remarquerons plus bas; qu'une Doctrine simplement appuyée sur le raisonnement humain, ne sauroit avoir la force, ni le poids que demande une Religion.

Autre
objec-
tion ti-

Si l'on nous objecte encore que les Chrétiens ne sont ni moins su-

perfti-

perftitieux, ni meilleurs que les Peuples dont nous avons fait la peinture, enforte que fi l'exemple des uns montre le befoin d'une Révélation, celui des autres qui fe glorifient d'un pareil fecours, n'en fait pas moins voir l'inutilité, je répons, 1o. que le parallele fur lequel cette objection fe fonde, eft outré & injurieux. Car, quelque défigurée que paroiffe maintenant la face de la Chrêtienté, elle ne laiffe pas d'être fort au-deffus du Paganifme. Le vrai Dieu y eft connu, la Doctrine de la Providence & de la Vie à venir retentit dans toutes les Chaires, les Hommes font exhortez publiquement à la Sainteté & à la Repentance, & l'on peut dire fans exageration, que les plus Simples d'entre nous, les Artifans, les Laboureurs, les Enfans, ont de plus faines idées de Religion, que n'en ont eu tous les Payens (30). Bien qu'il

(30) „Qu'eft-ce que *Theclas*, ce Prince des „Phyficiens, répondit à *Crœfus* lors qu'il le „follicita de lui déclarer ce que l'on devoit „croire avec certitude de la Divinité ? Ce „Philofophe ne fruftra-t-il pas fon attente par „les divers délais qu'il prit pour y penfer ? „Le

qu'il y ait d'étranges abus en plusieurs Lieux , comme on ne peut
s'empêcher d'en convenir avec dou-
leur , il n'y auroit pourtant pas de
l'équité à les mettre de niveau avec
l'Idolâtrie Payenne. Les articles de
foi les plus essentiels ne font point effacez ; Et d'ailleurs il y a des Eglises,
où, graces à Dieu, la Vérité se trouve beaucoup plus pure. Que si l'on
veut remonter aux prémiers Siécles
du Christianisme , quel heureux
changement cette Doctrine n'a-t-elle pas apporté dans le Monde ?
Quel redressement dans le Culte
Divin & dans la Morale? De combien de Pays n'a-t-elle pas banni
l'Impiété ? Combien n'a-t-elle pas
aboli de coûtumes infames & cruel-
les , & combien n'a-t-elle pas hu-
manisé de Nations , comme le dit
Eusebe dans l'endroit que nous avons
cité ?

,Mais

„ Le moindre des Chrétiens connoît Dieu ,
„ & est capable d'enseigner & de faire com-
„ prendre sa grandeur,„ TERTULL. *Apol.*
Ch. 46. Ce fait est d'ordinaire rapporté de
Simonide & non de *Theclas.*

(31) Remarquez que nous ne leur avons point
imputé des abus particuliers , ou désavoüez
par eux-mêmes , mais seulement des choses
publiquement autorisées, & qui étoient une suite

Mais quel que foit l'ufage que les Chrétiens font de leurs Lumiéres , ce n'eft pas ce qu'il s'agit de confi-dérer. L'excellence de la Révéla-tion n'en eft pas moindre , parce qu'on en abufe. Qui peut nier que ce ne foit un puiffant fecours , dont il ne tient qu'à nous de pro-fiter , & qui nous donne un grand avantage fur les Payens ? Ils igno-roient les prémiéres Véritez , & erroient dans le Principe, (31), au lieu que nôtre divine Régle fubfifte en fon entier , & nous met conti-nuellement nôtre devoir devant les yeux. Si nous la violons, elle peut toûjours nous redreffer. C'eft un témoin fidéle qui protefte publique-ment contre les erreurs & les vices qui ont cours (32) ; ou bien c'eft une femence qui ayant été cachée quelque tems, vient tôt ou tard à

Seconde
Réponfe.

La Ré-gle des Chré-tiens n'eft point corrom-puë , quoique leurs mœurs le foient.

C   prc-

te de leurs Principes : *Et hæc utique de Deo-rum veftrorum difciplina defcendunt*, dit MINU-TIUS FELIX. Ainfi dans le parallele des Chré-tiens avec eux , il ne s'agit pas de comparer Mœurs à Mœurs , mais Régle à Régle, Théo-logie à Théologie.

(32) Mr. TURRETTIN dit dans fes *Penfées fur divers Points de Théologie*, que la Difcipline Eccléfiaftique eft une Apologie de la Religion Chrétienne, contre les vices des Chrétiens.

produire ſon fruit ; de ſorte qu'après des Siécles ténébreux & corrompus on voit la pureté du Chriſtianiſme refleurir, pour ainſi dire, de ſon germe.

Troiſiéme Réponſe.

Plus les Chrétiens eux-mêmes montrent de penchant à ſe corrompre, plus cela fait voir la néceſſité d'un ſecours plus fort que la ſimple Lumiére naturelle pour les retenir.

Enfin l'objection propoſée, quand même elle ſeroit fondée en fait, ne va point contre nôtre but. Car l'exemple des Payens n'a été allégué que pour montrer où ſe porte ordinairement l'eſprit humain livré à ſa propre pente. Si pluſieurs Chrétiens ne les imitent que trop, cela prouve d'autant mieux que l'Homme eſt enclin de lui-même à la Superſtition, & qu'il a beſoin d'une forte barriere pour le retenir. Or cette barriére, qui la fournira ? Si l'Evangile, avec toute ſa clarté & toute ſa force, eſt une digue à peine ſuffiſante contre le torrent, croit-on que la ſimple Philoſophie y remédieroit mieux ? & ne ſeroit-ce pas encore pis, quand cette digue ſeroit ôtée ? Plus le mal eſt grand, plus on a beſoin de remédes ; & je ne vois pas où eſt le bon ſens, de rejetter un grand ſecours, ſous prétexte qu'il ne produit pas ſur bien des

gens

gens tout l'effet qui feroit à défirer, & cela uniquement par leur faute. C'eft toûjours une aide de plus, & dans l'état où eft le monde, on ne fauroit trop en avoir. Nous n'en dirons pas davantage préfentement fur la difficulté tirée de la corruption des Chrétiens, parce qu'il faudra y revenir en parlant de l'*Efficace* du Chriftianifme.

CHAPITRE III.

De l'égarement où font tombez les Philofophes eux - mêmes, privez du flambeau de la REVELATION.

JUfques ici le Paganifme s'eft fait voir à nous par fon côté le plus groffier. Envifageons-le maintenant par ce qu'il a produit de plus beau, par la Philofophie. Il femble à quelques-uns, que fi le Vulgaire ignorant a befoin de guides & de maîtres, comme on eft obligé d'en convenir, il ne lui en faut point d'autres que les Philofophes; & à voir

les

les grands noms dont l'Antiquité se pare, on seroit tenté de croire qu'en effet les lumiéres de ces Sages suffiso.ent pour dissiper les ténébres de leur Siécle. Quelques Péres (1) de l'Eglise sont même allez jusqu'à dire, que Dieu les avoit suscitez exprès pour luire comme des flambeaux dans un lieu sombre, & pour frayer le chemin à la Révélation. Mais qu'on les examine de près; on verra que c'est là tout ce qu'on en devoit attendre, leurs qualitez & leur disposition d'esprit étant bien éloignées de celles que demande l'office de Réformateurs du Genre Humain.

Car 1°· si en plusieurs points ils se mettoient au-dessus des préjugez populaires, dans combien d'erreurs ne donnoient-ils pas à leur tour ? Chaque Secte avoit les siennes, la plû-

(1) Voyez ci-dessous, *Sect. II. Ch. I.*
(2) *Mihi videtur Epicurus de Diis immortalibus non magnoperè curare. Tantummodo Deos esse negare non audet, ne quid invidiæ subeat aut criminis.* Cicero *De Natura Deorum, L. III.* Protagore, Lucien, & d'autres, se moquoient de tout, ayant assez d'esprit pour découvrir le ridicule du Paganisme, pas assez pour

plûpart même fort grossieres. Les *Pyrrhoniens* renversoient tout par leur doute universel. Les *Académiciens* ne faisoient qu'attaquer & détruire sans rien edifier. Les *Epicuriens* sappoient toute Religion (2), en rapportant la formation de cet Univers au concours fortuit des Atomes , & en dépeignant les Dieux comme oisifs , d'une nature corporelle , & ne prenans nul intérêt aux affaires d'ici bas. Ils soûtenoient aussi que l'ame meurt avec le corps , & par une suite de ce principe , ils ne connoissoient d'autre bien que la volupté. PYTHAGORE mettoit les Astres au rang des Dieux , & débitoit des réveries sur la Metempsycose. ARISTOTE, Chef des *Péripateticiens* , suppose l'Eternité du Monde ; il restreint la Providence aux choses célestes (3), & s'explique si mal sur l'immortali-

C 3   té

Diog. *Laërt.* Lib. 9. *Euseb.* Præp. Ev.L.14. c. 6. *Cicero* qu. Acad. L. 4.

Diog. *Laërce* L. 8.

pour y substituer rien de meilleur. Voyez PLUTARQUE *de la Superstition* , & LUCRECE, *Liv. III.*

(3) ORIGENE (contre Celse , *Lib. III.*) accuse *Aristote* de couper toute communication entre Dieu & nous. Voyez EUSEBE *Præp. Ev.* Lib. XV. C. V. & LA MOTHE LE VAYER, *de la Vertu des Payens* , Sect. II.

té de l'ame (4) que ſes Commentateurs ſont encore à chercher ce qu'il en a crû (5). On ne ſauroit refuſer aux *Stoïciens* la loüange d'avoir quelquefois parlé de Dieu & de la Morale en termes fort ſublimes. Cette juſtice eſt düe particulierement à *Seneque* (6), à *Epictete* & à *Marc-Aurele.* Cependant combien de taches dans leur Syſtême ? Dieu n'étoit ſelon eux que l'ame du Monde, ou plûtôt l'Univers même (7). De-là vient que regardans les Aſtres & toutes les

par-

(4) Voyez ORIGENE contre CELSE, *Liv. I. & la Prep. Ev.* d'EUSEBE, *Liv. XV. C. X.*

(5) C'à été une queſtion fort debatuë & qui a produit de gros volumes. Voyez ce qu'en dit LACERDA *in* Tertull. *de Reſurrect. carnis :* VOSSIUS *de Orig. Idololat.* Lib. I. C. X. & l'Auteur de *la Recherche de la Vérité*, Liv. II. Ch. VI. LA MOTHE LE VAYER dans ſon petit Diſcours *de l'Immortalité*, prouve que ſes Principes ſemblent favoriſer la pernicieuſe créance de la mortalité de l'ame.

(6) Je le range entre les *Stoïques*, bien qu'il ne le fût qu'à demi.

(7) Voyez comment parle LUCILIUS dans les Dialogues de CICERON *de Natura Deorum ;* PLINE *Hiſt. Nat.* Lib. VII. LUCAIN dans ſa *Pharſale*, Liv. IX. v. 578. DIOG. LAERCE dans la *Vie de Zenon ;* PLUTARQUE *des Sentimens des Philoſophes.* ORIGENE contre Celſe, *Liv. III.* EUSEBE *Prep. Ev.* Liv. III. C. IX. LACTANCE refute cette Hypothéſe avec beaucoup de force, *Lib. VII.* & CLE-

parties du Monde comme animées, ils n'en désapprouvoient pas le culte, & inventoient même de subtiles allégories pour colorer la Mythologie des Poëtes. Leur Dogme d'une fatalité inévitable ne tendoit pas moins qu'à anéantir la liberté humaine (8), & à renverser ainsi toute idée de vertu & de vice ; & leur idée du *Sage* étoit si vaine (9) qu'il paroît bien que leurs préceptes n'étoient pas fondez sur une juste connoissance de l'Homme. En faire un Etre insensible, n'étoit - ce pas

Voyez Ciceron de Natura Deor. L. 1. c. 14. & L. 3. Euseb. Præp. Ev. L. 2. c. 1. S. Aug. de Civitate Dei, L. 7.

C 4 le

CLEMENT ALEXANDRIN, dit, que les *Stoïciens* n'étoient en rien au - dessus du vulgaire, puis qu'en la place du bois & de la pierre, c'étoient les Elémens dont ils faisoient des Dieux, *Exhort. aux Gentils.* CICERON avoit relevé le même défaut. *Quæst. Acad.* Lib. IV. *Zenoni & reliquis ferè Stoïcis æther videtur summus Deus mente præditus quâ omnia regantur. Cleanthes qui quasi majorum est Gentium Stoïcus, Solem dominari & rerum potiri putat. Itaque cogimur dissensione sapientum Dominum nostrum ignorare quippè qui nesciamus soli an ætheri serviamus.*

(8) C'est un reproche que leur fait JUSTIN Martyr, dans sa I. *Apologie,* & EUSEBE, *Præpar. Ev.* Lib. VI. C. VI

(9) *Virtutem somniasse videntur,* dit LACTANCE, Lib. III. C. VIII. *Stoïci ratiocinantur quasi nullum homini sit corpus,* dit CICERON, *de finibus Bonorum,* Lib. IV. Voyez la *Recherche de la Vérité,* Liv. II. Ch. 4. Entr'autres absurditez, ils croyoient tous les péchez égaux.

le faire renoncer à la compaſſion, & preſque à tous les devoirs de l'humanité? *Leur Morale*, dit LA MOTHE LE VAYER, *ſe fait remarquer par une infinité de Paradoxes, qu'on peut dire autant d'extravagances qui lui ſont propres.* A l'égard de l'ame, ils la regardoient comme une eſſence de feu, (10) qui doit ſubſiſter quelque tems, & puis ſe réſoudre en ſes principes, ou ſe réünir au tout dont elle avoit été tirée. Je garde *Platon* pour le dernier, comme ayant le mieux parlé des choſes divines. Car il a reconnu un Créateur Suprême

De la Vertu des Payens, *Sect. II.*

(10) DIOGENE LAERCE, Liv. VII. EUSEBE *Præpar. Ev* Lib. XV. C. 20. & ſuivans *Diu manſuros aiunt animos, ſemper negant,* dit CICERON, au I. Livre des *Tuſculanes.* On peut conſulter SENEQUE *de Conſolatione ad Marciam,* ſur la fin. SENEQUE *le Tragique,* rejette nettement l'immortalité de l'ame. PLINE *le Naturaliſte,* en fait autant, L. VII. C. 55.

(11) Dans l'*Epinomis,* le *Timée,* & le VIII. Livre des *Loix.* Voyez auſſi JUSTIN Martyr *Exhort. aux Gentils:* S. AUGUSTIN *de la Cité de Dieu,* Liv. VIII. C. 12. LACTANCE L. III. C. 21. LA MOTHE LE VAYER, *de la Vertu des Payens,* Sect. II. & les *Prolegomenes* de Mr. LE CLERC, ſur l'*Hiſtoire Eccléſiaſtique des deux prémiers Siècles.*

prême ; il a nettement diſtingué l'eſprit de la matiere ; il a eu de grandes vuës ſur l'établiſſement des Sociétez. Mais en même tems qu'on l'admire par ces beaux endroits, on le voit ſe démentir honteuſement, en donnant de la divinité aux Aſtres, à la Terre, aux Démons (11,). Il admet une ſorte de métempſycoſe. Il veut dans ſa *République* qu'on s'enyvre aux Fêtes de Bacchus ; il ordonne des combats d'Hommes & de Femmes nuds, & ne déſapprouve point le Mariage entre Frére & Sœur, ni la communauté des Femmes (12). *Philon* ſon grand admirateur ne peut

Voyez la Mothe le Vayer, de la Vertu des Payens, Sect. 2. De Rep. L. 5. De Legibus, L. 6.

(12) *De Republ.* Lib. V. *Zenon* & *Chryſippe* n'étoient pas plus délicats que lui ſur ce chapitre. Voyez DIOGENE LAERCE *in Zenone,* Lib. VII. *Clement* d'*Alex.* táche de l'excuſer en donnant un autre tour à ſes paroles touchant la communauté des Femmes, STROM. Liv. III. Mais il eſt accuſé ouvertement par *Lucien*, qui ſuppoſe qu'il tenoit ce ſentiment de *Socrate*, (Voyez *les Philoſophes mis à l'encan*,) comme auſſi par LACTANCE, *Lib. III. C.* 21. & par EUSEBE *Præp. Ev.* Lib. XIII. C. 19. & 20. Mr. DACIER, ſon Traducteur, eſt obligé de convenir lui-même dans la *Vie* de ce Philoſophe, qu'il y a beaucoup d'indécence dans ſes Ecrits.

Philon de la Vie contemplative. peut cacher son indignation de voir que tout son *Banquet* se passe en entretiens d'amours & de voluptez contre nature : *Car*, ajoûte-t-il, *les termes de belle passion & de volupté céleste ne sont là qu'une couverture de vraïe débauche.*

Tout cela montre que les connoissances de ces prétendus Sages, sans en excepter les plus habiles, étoient bien imparfaites, tant sur la Divinité que sur la Morale. CICERON lui-même en est un bon témoin. Dans ses Livres *de Finibus bonor.* il examine les sentimens des Philosophes, touchant le souverain bien, & les réfute l'un par l'autre. Au I. Livre des *Questions Tusculanes*, il traite l'article de l'immortalité de l'ame d'un ton assez chancelant, quoi qu'il dise de fort belles choses

(13) SOCRATE étoit dans la même situation. Voyez ses derniéres paroles dans son *Apologie* ; ce qui fait remarquer à CICERON, *Tusc. Quæst. quòd suum illud, nihil ut affirmet, tenet ad extremum.* SENEQUE *le Tragique,* & PLINE *le Naturaliste,* nient ouvertement l'immortalité de l'ame ; & SENEQUE même *le Philosophe,* qui parle si magnifiquement en plus d'un endroit sur cette question, la laisse en d'autres tout-à-fait indécise : „Peut-être, „dit-il, *dans sa* LXIVme. *Lettre,* que celui que „nous

t fes ; & il fe confole avec *Socrate*,
par l'alternative de l'anéantiffement,
comme d'un rifque qu'au pis-aller on
ne doit pas craindre , ce qui eft
la reffource d'un Homme peu ferme dans fa créance (13). L'énumé-
ration qu'il fait des opinions de fon
tems fur ce point capital, découvre
bien des erreurs qu'il a fallu que
la Révélation redreffât. Et pour la
connoiffance du prémier Etre , on
verra où en étoient les Philofophes,
fi l'on prend la peine d'ouvrir fes
Livres *de Natura Deorum*. Ecou-
tons-en feulement le début : *Entr'autres Queftions obfcures* , dit-il,
*que la Philofophie n'a point éclair-
cies , vous favez , mon cher* Brutus,
*que celle de la nature des Dieux eft
des plus épineufes*. Et à quoi trou-
ve-t-il tant de difficulté ? à favoir
s'il

,, nous regardons comme n'étant plus , n'a fait
,, que prendre les devans , s'il en faut croire
,, les Sages qui difent, qu'il y a un lieu où
,, nous devons tous aller au fortir de celui-ci.
,, *Et dans la Lettre* C II. Je me faifois un plai-
,, fir de m'entretenir de la durée éternelle des
,, ames , ou plûtôt de m'en laiffer perfuader,
,, & mon cœur charmé d'une fi douce efpé-
,, rance fe livroit volontiers à l'opinion des
,, grands Hommes qui nous en flatent plus
,, qu'ils ne nous la prouvent ,,.

s'il y a des Dieux ou non, & en cas qu'il y en ait, quelle peut être leur nature, leur séjour, leur genre de vie; si le Monde est leur ouvrage, si l'Univers roule au hazard, &c. Sur quoi il assure que les *opinions sont si partagées, que cela seul justifie le parti que prenoient les Académiciens de suspendre leur jugement.* Il reconnoît cependant, qu'à moins de savoir à quoi s'en tenir sur tous ces chefs, & particuliérement sur celui de la Providence, on ne peut qu'être dans un égarement extrême. *Car si les Dieux ne veillent point sur les choses d'ici-bas, que devient la Religion & la Sainteté, sans quoi la vie humaine ne seroit que trouble & confusion?* Je ne sai même, ajoûte-t-il, si en bannissant la crainte des Dieux, on ne banniroit pas en même tems la bonne foi, la justice, & les autres vertus, qui font la base de la Societé. Mais tout importantes que sont ces matiéres, il avouë qu'il n'y avoit rien sur quoi les Savans comme les Ignorans fussent si peu d'accord. Et cela paroît en effet par la suite de

son

fon Dialogue. Car les Perfon-
nages de differentes Sectes qu'il
y introduit fe réfutent tour à tour
d'une maniére qui montre bien
qu'aucun d'eux n'avoit atteint la
vérité.

2°· On voit déja par ce léger
crayon de la Philofophie ancienne ,
(14) combien peu l'on devoit fe
promettre de gens qui ignoroient à
ce point les voyes de la Providence,
le plan de la Création, la vraïe fin
de l'Homme, & les deffeins de Dieu
envers nous. Ce n'éft pas qu'on
ne trouve dans leurs Ecrits à peu
près tout ce qui doit entrer dans
un plan de Théologie naturelle.
Mais ce font des membres difper-
fez çà & là , qui ne font point
corps , le vrai étant mêlé avec le
faux , & fe confondant par l'oppofition de diverfes Sectes dont celle-
ci dit une chofe, & celle-là une autre , fans qu'aucune embraffe le Syf-
tême entier :   ,, Ils n'ont jamais fû,

dit

(14) On pourra le rendre plus exact en
foüillant dans les fources que nous avons in-
diquées, ou fimplement en jettant les yeux fur
le Livre de LA MOTHE LE VAYER, *de
la Vertu des Payens*, quoi qu'il en foit le grand
Défenfeur.

,, *dit* LACTANCE , ce que c'eſt
,, qu'un Corps de Doctrine (15),quoi
,, qu'ils en ayent entrevû chaque
,, partie. Chacun de ſon côté a
,, trouvé quelqu'une des piéces qui
,, doivent y entrer, mais ils ne ſont
,, pas venus à bout de les aſſem-
,, bler , ni de déduire les conſé-
,, quences des principes. On voit
,, bien que toutes les Véritez (*de*
,, *la Religion Naturelle*) ſe trouvent
,, ſemées chez les diverſes Sectes ,
,, aucune n'étant ſi dépourvuë de
,, bons eſprits, qu'ils n'ayent ſaiſi
,, une portion du vrai. Mais tan-
,, dis que pour diſputer ils défen-
,, dent chacun leurs opinions, quoi-
,, que fauſſes , & combattent celles
,, d'autrui , quoi-que vraïes , il ar-
,, rive que la Vérité qu'ils paroiſſent
,, chercher leur échappe , ou plû-
,, tôt qu'ils la perdent par leur pro-
,, pre

(15) Les Payens n'ont jamais eu de Syſtéme de Religion, ou de Théologie qui eût
quelque ordre ou quelque rapport dans ſes
parties. Tout y montre l'aveuglement, la fureur , & la contradiction. BAYLE , *Penſées di-*
verſes ſur les Cométes , Tom. I. §. 124.

(16) C'eſt la penſée de JUSTIN Martyr
dans ſa I. *Apologie.* Ὅσα ὖν παρὰ πᾶσι καλῶς
εἴρηται

„ pre faute. Que s'il s'étoit trouvé
„ quelqu'un d'un génie affez fupé-
„ rieur pour ramaffer ce quil y a
„ de meilleur dans chaque Ecole ,
„ & en former un Corps complet ,
„ cet Homme - là ne differeroit pas
„ de nous (16). Mais cela deman-
„ deroit qu'il poffédât au plus haut
„ degré le difcernement du vrai ;
„ & qui le peut , s'il n'eft inftruit
„ par Dieu même ?

3°· Après cela il importe peu
de favoir ce que penfoient quelques
perfonnes. La queftion eft de donner une Religion aux Peuples (17).
Or quelque faines que pûffent être
les leçons des Philofophes , elles fe
bornoient à un petit nombre de
Difciples , & ne paffoient pas la
porte des Ecoles. C'étoient, ou des
fpéculations fublimes , ou de vaines
difputes , qui ne convenoient qu'à
des

εἴρηται ἡμῶν τῶν χριϛιανῶν ἐϛι. S. Augustin
l'étend d'avantage dans fon Ouvrage *de la Cité
de Dieu,* Liv. XVIII. Ch. 41.

(17) *Philofophia non eft fapientia fi ab homi-
num cœtu abhorret . . . . Quòd fi natura hominis
fapientiæ capax eft, oportuit opifices & rufticos &
mulieres & omnes denique , qui humanam formam
gerunt , doceri ut fapiant.* Lactant. Lib. III.
C. 25.

des auditeurs choisis. *Platon* se perd en raisonnemens longs & abstraits, où peu de gens peuvent le suivre. *Aristote*, pour être moins diffus, n'en est guéres plus clair. *Seneque* parle toûjours par sentences obscures & empoulées. Tous se piquoient de subtilité & de profondeur ; bien éloignez de cette méthode simple & populaire, qui seule peut faire du fruit parmi la multitude. La Morale sur-tout étoit fort négligée (18). *Socrate* fut le prémier des Philosophes qui s'y appliqua, tandis que les Prêtres se contentoient de vaquer aux Cérémonies qui leur apportoient du profit. C'est une chose bien déplorable, que ce qui fait l'ame & le but de la Religion n'y entrât pour rien, & qu'il n'y eût ni Ecole ni Ministére public pour instruire les Hommes de leurs devoirs. *Socrate* en témoigne quelque part sa surprise : *N'est-ce pas*, dit-il, *une chose bien étrange*

(18) Voyez la belle *Préface* de Mr B a r-b e y r a c *sur le Droit de la Nature & des Gens.*

étrange, que pendant qu'il y a des Maîtres pour toutes sortes de Profeſſions & d'Exercices, il n'y en ait point pour apprendre à bien vivre? Ainſi c'eſt à bon droit que LACTANCE accuſe le Paganiſme de manquer de préceptes & de moyens pour former l'homme à la vertu; *Et comme la Philoſophie n'avoit rien de commun avec la Religion, l'une ſe bornant à enſeigner la Sageſſe, ſans s'élever au Culte des Dieux, l'autre s'arrêtant au Culte des Dieux, ſans y joindre la Sageſſe,* cet Auteur conclud que la prémiére étoit *auſſi peu une vraïe Philoſophie* que la ſeconde *une vraïe Religion* (19).

Enfin un reproche plus grave qu'on peut faire à tous ces grands Hommes, c'eſt d'avoir démenti leurs lumiéres dans la pratique. La plûpart menoient une vie qui gâtoit tout le fruit de leurs diſcours. Je ne parle pas ſeulement des *Cyniques*

D ſans

Xenophon les choſes Mémorables, L. 4. C. 4.

Lib. IV. C. 3.

______

(19) Il dit la même choſe ailleurs, L. IV. C. 3. *Philoſophia non eſt ſapientia, niſi adjungatur Religio.*

fans (20) pudeur , ni des *Epicuriens* voluptueux , mais de ceux même qu'on a eftimé les plus fages ; lefquels n'avoient , certainement , ni une conduite (21) , ni un amour de la Vérité qui répondît à leurs connnoiffances. Au lieu de travailler à retenir les autres , ils fe laiffoient aller eux-mêmes au torrent , *fupprimans injuftement la Vérité* , comme dit S. PAUL. SOCRATE , tout défabufé qu'il étoit des Fables Payennes , ne facrifioit-il pas aux Dieux du pays, tant en public qu'en particulier , & n'approuva-t-il pas l'Oracle de *Delphes* , qui ordonnoit de fe conformer aux Cultes établis

Rom. I. 18.

----

(20) *Diogene* trouvoit bon que les Femmes fuffent en commun, & que l'on mangeât de la chair humaine. Voyez DIOGENE LAERCE. Les *Théodoriens* , qui étoient une branche de l'Ecole d'*Epicure* , foûtenoient que le crime & la vertu étoient des chofes indifférentes. Voyez *ib.* dans la Vie d'*Ariftippe*.

(21) C'eft un reproche général que leur fait CICERON , *Tufc. Qu. Lib. II.* En effet ils ne faifoient que difputer avec une vanité & une aigreur infupportable. LUCIEN ne les épargne pas dans fon *Icaromenippus* & dans plufieurs autres Piéces. La plus fale débauche étoit commune parmi eux. Voyez ce qu'en dit LUCIEN dans fon Livre *de Amoribus* , ATHENE'E , L. *XIII.* & THEODORET , L. *XIII.* contre les Grecs. SOCRATE lui-même n'a pas été bien net de tout foupçon à cet égard.
Qui

établis en chaque lieu (22)? La
Mothe le Vayer le justifie mal
là-dessus : *Il y a lieu de croire, dit-
il, qu'il se contentoit de reconnoître
un seul Dieu dans la Loi de Nature,
sans vouloir pour cela troubler le Gouvernement public, par l'introduction
d'un nouveau Culte ; & que s'il a
sacrifié à quelques Divinitez Athé-
niennes, ç'a été vraisemblablement
par une nuë reconnoissance des Puis-
sances d'un seul Dieu, qu'il adoroit
sous des noms differens.*

    Ses Disciples en userent de mê-
me. Personne n'a été si scrupu-
leux observateur des Augures & des

D 2   Sacri-

De la Vertu des Payens, Sect. 2.

Qui ne seroit surpris de l'entendre se dire
esclave de l'amour, & vivre en étroite liaison
avec deux Courtisanes ? De-là vient ce que
dit un des Interlocuteurs de CICERON, *de
Nat. Deor. Lib. I. Nos qui, concedentibus Philo-
sophis antiquis, adolescentibus delectamur. . . .*
Zenon n'avoit pas plus de retenuë. *Aristote a*
été fort décrié pour les mœurs. Voyez EU-
SEBE, *Præp. Ev. L. XV. C. 2.* Il n'eut pas
honte d'élever des Autels, & de faire des Sacrifices en l'honneur d'une Femme. DIOG. LAER.
Caton l'Ancien n'étoit pas toûjours grave, ni
Seneque aussi désintéressé qu'il le paroît dans
ses Ecrits. Voyez aussi le jugement qui a été
fait de *Pythagore* dans le I I Ime. Livre de
LACTANCE, C. 15. & dans l'*Apologétique* de
TERTULLIEN, C. 46.

  (22) XENOPHON, *Memorab.* Lib. I. C. 1.
§. 2. & Lib. IV. C. 3. §. 16.

Sacrifices que XENOPHON (23).
PLATON déclare en plus d'un endroit,
qu'un homme de bon sens ne doit
pas s'ingerer de changer les coûtumes
reçûës en chaque pays touchant les
choses sacrées, que là-dessus *il est
difficile de trouver la Vérité, & im-
prudent de la divulguer* (24), &
que, soit Oracles, soit Tradition,
soit Apparitions, soit Autels &
Simulachres, il faut tout maintenir,
suivant les Loix, en rendant à chaque Dieu & à chaque Génie les
honneurs qui lui sont décernez. Au
IIIme. Livre de CICERON *de la
Nature des Dieux*, on voit comment
Cotta l'un des Interlocuteurs en qualité d'Augure & de Pontife, prend
en main la défense des Cérémonies
Religieuses, dans le même tems qu'il
se moque de toutes les idées reçûës : *Jamais*, dit-il, *je n'ai*

mé-

(23) Voyez sa *Retraite des dix mille.*
(24) Dans le TIMÉE & dans le Vme. Livre des *Loix.* Voyez encore PORPHYRE, cité
par EUSEBE *Præp. Ev. Lib.* IV. C. 8. & *Demonstr.
Ev. Lib.* III. C. 10. Sur quoi le même *Eusebe*
fait cette remarque :   ,, *Platon,* qui seul d'entre
,, les Grecs semble être parvenu à l'*antichambre*
,, de la vérité, après avoir parlé si dignement
,, d'un seul Etre, Moderateur de toutes choses,
,, prostitue le nom de Dieu à de vils simula-

,, chres,

méprisé la moindre de ces Cérémo-
nies. Mais sont-elles fondées ou
non ? c'est à vous autres Philoso-
phes de vous en enquerir. Pour moi,
il me suffit de savoir, sans autre
raison, qu'elles viennent de nos An-
cêtres. Il fait voir ensuite que, ni
les Philosophes, ni les Poëtes, n'en-
seignoient rien de raisonnable là-
dessus, & après avoir rapporté plusieurs traits de la Fable : *Voilà,*
poursuit-il, *ce qu'on a recueilli des*
Traditions de l'ancienne Grece ; à
quoi il faut se tenir, pour ne point
faire d'innovation. Cette hypocri-
sie étoit le dernier retranchement
des beaux Esprits de ce tems-là,
qui avoient d'un côté trop de pénétration pour donner dans les erreurs populaires, & de l'autre trop
peu de courage pour s'y opposer.
De-là vient la contrarieté qui se

D 3

remar-

,, chres, & retombe avec le Peuple Athénien
,, dans le bourbier d'une profane Idolatrie, *Præp.*
Ev. Lib. XIII.ᵉ C. 14. Rien n'est plus fort que
les reproches *d'Origene* sur le même sujet ;
Lib. VI. *contre Celse,* pag. 277. *Edit. de Cam-*
bridge. LA MOTHE LE VAIER ne lui
trouve d'autre excuse, qu'*en son humanité, &*
en ce qu'on n'a point vû de Philosophes qui n'ayent
eu leurs erreurs, aussi-bien que lui les siennes.

remarque entre CICERON *Orateur* & CICERON *Philosophe* , perſonne ne louant ſi magnifiquement que lui en public les mêmes choſes dont il ſe moque (25) en particulier. Et la raiſon de cette conduite ? *C'eſt*, vous dit-il lui-même , *qu'encore qu'on en parle librement avec ſes amis , il faut bien ſe garder de ſemer de pareils diſcours parmi le Peuple , de peur de donner atteinte aux Cultes établis.* Surquoi LACTANCE lui fait ce vif reproche. ,, Que faire ,, d'un homme qui , connoiſſant ſon ,, erreur , ne laiſſe pas d'y perſéve- ,, rer , & de ſe briſer contre l'é- ,, cueil , afin d'y entrainer les au- ,, tres ? Si tu as quelque vertu , ,, *Ciceron*, que n'eſſayes-tu de guérir ,, le monde de ſa folie ? Ne ſeroit- ,, ce pas là un ſujet digne d'exer- ,, cer tes talens ? Ou crains-tu que ,, l'éloquence ne te manque en ſi ,, beau

Lib. II. C. 3.

(25) Il eut la foibleſſe d'honorer particu- liérement une Statuë de *Minerve*, (PLUTARQUE dans ſa *Vie*) & de vouloir faire une Déeſſe de ſa fille *Tullie*, après ſa mort, (LACTANCE, Lib. I. C. 15.) Il aſſiſtoit comme les autres à tous les Sacrifices, & même aux Jeux de *Flora;*

,, beau chemin, après l'avoir fou-
,, vent employée en de mauvaifes
,, caufes ? Je vois ce qui t'arrête.
,, Tu appréhendes la fin de *Socrate,*
,, & cette crainte t'empêche d'épou-
,, fer les intérêts de la Vérité. Mais
,, la mort fait-elle trembler un Sa-
,, ge ? Il eût été plus beau de t'y
,, expofer pour un tel fujet, que
,, pour tes invectives contre *Antoi-*
,, *ne ;* & les *Philippiques* ne te fe-
,, ront jamais autant d'honneur, que
,, tu en aurois acquis à diffiper les
,, ténébres de ton Siécle, & à ra-
,, mener le Genre Humain de fes
,, égaremens par la force de ton
,, difcours. Mais je veux qu'on ex-
,, cufe cette lâcheté indigne d'un
,, Sage. Si tu n'as pas le courage
,, d'attaquer fla Superftition dans au-
,, trui, tu devrois au moins n'y pas
,, tomber toi - même. D'où vient
,, donc que l'on te voit honorer &
D 4   ,, en-

Flora ; & il approuvoit l'ufage des Augures,
de Divin. Lib. II. Retinetur autem, & ad opi-
nionem vulgi, & ad magnas utilitates Reipublicæ,
mos, Religio, Difciplina, jus Augurum, & Collegii
auctoritas. Auffi Mr. **B**AYLE remarque que la
Politique maintenoit la Religion Payenne ;
Penfées fur les Cométes, Tom. I. §. 110. 112.

,, encenſer comme les autres, des
,, Ouvrages faits de main ? Tu en
,, comprens la vanité, & néanmoins
,, tu imites ceux dont tu connois
,, la folie.   A quoi t'a ſervi de
,, voir la Vérité, ſi tu n'es diſpoſé
,, ni à la défendre , ni à la ſui-
,, vre ,, ?

SENEQUE ne mérite pas moins ces reproches , lors qu'il dit en parlant des Superſtitions (26) , que le *Sage doit s'aſſujettir à ces ſortes de pratiques, non comme à des choſes agréables à la Divinité, mais comme à des uſages que les Loix autoriſent.* Et plus bas : *En adorant cette troupe de Dieux que l'ignorance a conſacrez, ſouvenons - nous que ce culte eſt moins fondé ſur la vérité que ſur la coûtume.* Ce qui lui attire cette grave cenſure de S. AUGUS-TIN :   ,, Cet Homme ſi éclairé s'a-
,, baiſſoit à cauſe de ſon rang de
,, Sénateur à vénérer ce qu'il re-
,, pre-

(26) S. AUGUSTIN rapporte ces Paſſages d'un Livre de *Seneque* qui ne ſe trouve plus. *De Civit. Dei*, Lib. VI. C. 10.

(27) L'Eſprit a beſoin pour ne point s'égarer, d'un guide plus ſûr que lui-même ; & la Raiſon qui

„ prenoit, à faire ce qu'il condam-
„ noit, à encenfer ce dont il connoif-
„ foit le néant. Bien que fa Philo-
„ phie l'eût guéri de la crédulité,
„ cependant les Loix & l'exemple
„ lui faifoient jouër un faux perfon-
„ nage, non fur le Théatre, mais dans
„ le Temple ; en cela d'autant plus
„ condamnable, que la feinte des
„ Comédiens divertit & ne trompe
„ pas, au lieu que par le rôle qu'il
„ joüoit, il en impofoit véritable-
„ ment à tout un peuple „.

Telles étant les difpofitions de ces Sages fi vantez, que pouvoit-on attendre d'eux pour les intérêts de la faine Doctrine ? Les plus clairvoyans ne faifoient que fe moquer des Cultes établis, fans pofer rien de meilleur (27). Si le Vulgaire fe repaiffoit de Fables, eux de leur côté ne propofoient fur les matiéres les plus graves que des doutes & des conjectures. Si le

D 5

Peuple

qui fuffifoit a *Lucien* pour lui montrer l'impof-
ture des fauffes Religions, ne pouvoit fans le
fecours d'une foi lumineufe, l'élever à la connoiffance d'une Religion divine. *Difcours fur
la Nature du Dialogue*, pag. 46. à la tête des
Nouveaux Dialogues des Dieux.

Peuple erroit à travers champs, eux ne ſuivoient point de route certaine, & ne faiſoient rien pour redreſſer les autres. Tous enſemble marchoient à tâtons, comme des aveugles conduits par d'autres aveugles. Il eſt vrai que l'on trouve parmi eux des Philoſophes & des Légiſlateurs renommez. Mais plus on vante leurs lumiéres, plus on démontre que le plus grand effort des lumiéres humaines ne va pas loin. Car qu'ont-ils fait tous enſemble, & de quoi ſont-ils venus à bout, qui approche de ce qu'une poignée de gens, je veux dire les Apôtres, ont opéré avec le ſecours du Ciel ? Qu'on me cite un Pays, une Ville, une ſeule Famille, qu'ils ayent amené à la connoiſſance du vrai Dieu. A peine ont-ils réüſſi à faire embraſſer à quelques perſonnes un genre de vie plus réglé, bien loin que leurs leçons ayent jetté, comme l'Evangile, de profondes racines dans le monde. C'eſt pourquoi S. Paul comparant ce qu'avoit produit la

vai-

vaine Philofophie des Grecs, avec la Révélation, qui paroiffoit folle & méprifable à ces faux Savans, s'écrioit avec juftice : ,, Où eft le Sage ? ,, Où eft le Scribe ? Où eft le Doc- ,, teur profond de ce Siécle ? Dieu ,, n'a-t-il pas fait voir que la Sa- ,, geffe de ce monde n'étoit que ,, folie ? Car puifque, par cette fa- ,, geffe, le monde n'a point connu ,, Dieu, dans la fageffe divine, ,, il a plû à Dieu de fauver les ,, croyans par la folie de la pré- ,, dication ,,.

I. Cor. I. 20. 21.

CHAPITRE IV.

Contenant l'aveu de plufieurs Philofophes & Légiflateurs fur la dépravation des Lumiéres Naturelles, & le befoin d'un autre fecours.

NOus avons vû dans les Chapitres précédens, à quel point la Lumiére Naturelle étoit obfcurcie dans le Monde, & combien peu l'on devoit efpérer que les Philofophes

phes lui rendiſſent jamais ſon prémier éclat (1). C'eſt ce que pluſieurs d'entr'eux ont eux-mêmes reconnu. Sans parler de DEMOCRITE, qui ſe plaignoit que la Vérité étoit cachée dans un puits; ni de SOCRATE, qui ne ſe préféroit aux autres qu'en ce qu'il connoiſſoit mieux ſon ignorance; CICERON ne dit-il pas en raiſonnant *de la Nature des Dieux,* qu'il eſt *plus facile là-deſſus de refuter le faux, que de trouver le vrai?* Et ailleurs : ,, Les foibles lueurs ,, que la Nature nous a données ,, ſont maintenant ſi fort obſcurcies ,, par la dépravation humaine, qu'il ,, ne reſte preſqu'aucune trace de ,, la lumiére primitive. Il eſt vrai ,, que nôtre eſprit porte en lui-mê,, me des ſemences de vertu, ca,, pables de nous conduire naturel,, lement à une vie heureuſe. Mais ,, au lieu de cela, nous ne voyons ,, pas plûtôt le jour, que nous ſommes

Lib. I.

Tuſcul. Quæſt. Lib. III.

(1) *Itaque neceſſum fuit ut idem ipſe Naturæ legem repurgaret ac confirmaret, qui condiderat, nec ſufficiebat alius . . . Hoc Magiſtro legem illam integram accepimus, hoc eodem accipere conveniebat nos deterſam, emaculatam, inſtauratam.* VIVE'S de Verit. Fidei, *Lib. II.*

,, mes livrez à toutes fortes de tra-
,, vers & d'opinions déraifonnables,
,, fuçans, pour ainfi dire, l'erreur
,, avec le lait.   Des mains d'une
,, nourrice nos parens nous font
,, paffer dans celles des Maîtres, qui
,, nous rempliffent tellement de fauf-
,, fes idées, que la Vérité fait pla-
,, ce à de vaines imaginations, &
,, que la Nature fuccombe fous le
,, poids des opinions reçuës.   Les
,, Poëtes, à leur tour, viennent nous
,, féduire par un air de fcience &
,, d'efprit, qui nous fait perdre le
,, goût du vrai, à force de les étu-
,, dier & de s'en remplir la mémoi-
,, re.   Enfin le monde, nouveau
,, Maître plus dangereux que tous
,, les autres, acheve de nous gâter;
,, car rien n'étouffe tant les vraïes
,, impreffions de la Nature, que l'e-
,, xemple, & le torrènt de la multi-
,, tude ,,.

Ainfi parle *Ciceron*, dépeignant
au vrai quel étoit l'état de la Nature corrompuë, dans un tems où
la Foi ne venoit pas à fon fecours.
Quelques autres vont encore plus
loin, comme s'ils avoient preffenti le

bien-

bienfait de la Révélation. PLATON, après avoir prouvé que la pieté est la chose du monde la plus desirable, & qu'il seroit très - avantageux de l'apprendre, si l'on avoit pour cela de bons Maîtres, ajoûte tout de suite : *Mais qui sera en état de l'enseigner, si Dieu ne lui sert de guide ?* Dans le Dialogue intitulé *le second Alcibiade*, il introduit *Socrate* disant que les gens sages & vertueux sont ceux qui savent ce qu'il faut dire & faire, tant envers les Dieux qu'envers les hommes ; mais à l'égard des Dieux, il avouë que l'homme ignore ce qui leur est agreable, *de sorte*, dit-il, *que le plus sûr parti est d'attendre que la Divinité, prenant pitié de nous, envoye quelqu'un pour nous instruire.* Sur quoi le Disciple lui demande : ,, Quand est-ce que viendra ce tems ,, là, & qui nous enseignera ces ,, choses ? car il me semble que j'ai ,, un ardent désir de connoître ce ,, Personnage : Celui dont il s'agit, ,, *répond* SOCRATE, est une Per- ,, sonne qui s'intéresse à ce qui vous ,, touche. Mais elle le fait, ce me ,, sem-

,, femble , de la maniére dont *Ho-*
,, mere* fait agir *Minerve* envers *Dio-*
,, mede. Minerve* diffipa le broüil-
,, lard qu'il avoit devant les yeux ,
,, afin qu'il pût diftinguer les ob-
,, jets les uns d'avec les autres. Il
,, eft pareillement néceffaire que le
,, broüillard épais , qui couvre main-
,, tenant les yeux de nôtre enten-
,, dement , foit diffipé , afin que
,, vous puiffiez dans la fuite diftin-
,, guer au jufte le bien d'avec le
,, mal ; diftinction que jufqu'ici
,, vous n'êtes pas trop capable de
,, faire.

,, Qu'elle vienne cette Perfonne ,
,, *interrompt le Difciple* , pour diffi-
,, per ces ténébres quand il lui plai-
,, ra. Je fuis , quant à moi , tout dif-
,, pofé à faire ce qu'elle voudra me
,, prefcrire , moyennant que je puif-
,, fe devenir meilleur que je ne fuis.

,, Comptez , *dit Socrate* , qu'elle
,, n'eft pas moins bien difpofée de
,, fon côté à faire tout cela en vô-
,, tre faveur.

,, Le *Difciple* : Ne feroit-il donc
,, pas plus à propos de differer
,, l'of-

,, l'offrande des Sacrifices jusqu'à ce
,, qu'elle vienne ?

,, *Socrate.* Vous avez raiſon ; il
,, vaudroit mieux prendre ce parti,
,, que de courir riſque de ne ſavoir
,, ſi, en offrant les Sacrifices, on plai-
,, ra à Dieu, ou ſi on ne lui
,, plaira pas.

,, Le *Diſciple.* A la bonne heu-
,, re, nous ferons donc nos offran-
,, des à Dieu, quand ce jour-là ſe-
,, ra venu. J'eſpére même de ſa
,, bonté qu'il n'eſt pas fort éloi-
,, gné ,,.

Ce paſſage eſt très-remarquable
pour montrer quelle étoit la diſpo-
ſition d'eſprit des anciens Philoſophes par rapport à la Révélation,
bien differente de celle de nos
Déiſtes, qui mépriſent aujourd'hui
un don ſi attendu & ſi ſouhaité.
PORPHYRE, tout ennemi qu'il étoit
des Chrétiens, avouë pourtant (2)
que l'état ſoüillé & corrompu de
l'ame demande une purification générale,

(2) *Apud* AUGUSTIN. de Civitate Dei,
Lib. X. *Cap.* 32. *Providentiam quippe divinam
ſine iſta univerſali via liberandæ animæ genus humanum relinquere potuiſſe non credit.*

nérale, & qu'il n'eſt pas à croire que la Providence Divine ait laiſſé le Genre Humain privé d'un tel reméde.

C'eſt auſſi une choſe très-remarquable, que tous ceux qui ſe ſont mêlez d'inſtituer quelque Religion entre les Peuples, ont crû devoir la donner comme venant du Ciel. MINOS, par exemple, ſe vantoit de tenir ſes Loix de *Jupiter*, LYCURGUE d'*Apollon*, ZALEUCUS de *Minerve*, & NUMA de la *Nymphe Egerie*. SOCRATE ſe piquoit même d'être inſpiré par un bon Démon (3). C'étoient là des fictions téméraires, ſans doute. Mais en les blâmant comme elles méritent, on peut en tirer un uſage tout autrement juſte que celui qu'en tirent nos Adverſaires. Car au lieu d'en conclure comme ils font, que toutes les Révélations ſont également

E   ment

____

(3) Voyez le Dialogue intitulé *Theages.* S'il parloit ſérieuſement, comme il le ſemble, cela marque en lui une teinture de Fanatiſme; ou s'il a voulu ſeulement le perſuader aux autres, cela marque ce que nous obſervons ci-après, qu'il regardoit ce moyen comme néceſſaire pour donner du poids à ſes ſentimens.

ment fufpectes (4), cette conduite des Légiflateurs ne découvre-t-elle pas évidemment la penfée où ils étoient, que fans une Infpiration vraïe ou fuppofée (5), on ne doit pas préfumer de donner une affiéte ftable à la Religion ?

Le même aveu a été fait cent fois par les Philofophes modernes. Aux divers paffages femez dans ce Livre, j'en ajoûterai un de MONTAIGNE, *Effais,* qui en parlant de la Religion, dit en *Liv. II.* fon vieux & naïf langage : ,,A une *Ch. 12.* ,, chofe fi divine & furpaffant de ,, fi loin l'humaine intelligence, il ,, eft bien befoin que Dieu nous ,,prête

(4) Leur raifonnement eft tout-à-fait fophif-tique, comme le remarque fort bien VIVE's : ,,Il y a eu un Impofteur dans un Pays ; Que s'en-,,fuit-il de là ? Parce qu'un méchant homme ,,en contrefait un bon en quelque chofe, fau-,,dra-t-il les confondre ? Et parce qu'il y a des ,,Charlatans qui employent mal-à-propos de ,,certains remédes, cela fait-il tort aux vrais ,,Médecins qui s'en fervent mieux. Mais, dit-on, ,,il eft vifible que c'eft un moyen pour contenir ,,& pour gouverner les Peuples. Il eft vrai. ,,Mais cela, bien loin de détruire la nature & la ,,force de la Religion, ne fait que la confirmer. ,,Car il paroît de-là que la Religion eft fi ,,naturelle à l'homme, qu'il en faifit avec lavi-,,dité l'ombre même,,. *De Verit. Fidei,* Lib. V.

(5) *Metum Deorum ad animos defcendere fine aliquo commento miraculi non poffe exiftimavit Numa.* TIT. LIV. L. I. C. 19.

„ prête son secours, d'une faveur
„ extraordinaire & privilégiée, pour
„ la pouvoir concevoir & loger en
„ nous (6); & ne croy pas que
„ les moyens purement humains en
„ soient aucunement capables. Et
„ s'ils l'étoient, tant d'ames rares
„ & excellentes, & si abondam-
„ ment garnies de forces naturelles
„ ès Siécles anciens, n'eussent pas
„ failli par leurs discours d'arriver
„ à cette connoissance . . . Après
quoi rapportant les erreurs des Philosophes & des Peuples Payens,
il s'écrie : „ O Dieu, quelle obli-
„ gation n'avons - nous pas à la
E 2 „ bé-

(6) Dans le même Discours il dit : „ Con-
„ siderons pour cette heure l'homme seul, sans
„ secours etrangers, armé seulement de ses ar-
„ mes, & depourvû de la grace & connois-
„ sance divine, qui est tout son honneur, sa
„ force & le fondement de son Etre. Voyons
„ combien il a de tenuë en ce bel equipage &c.
Et à la fin : „ O la vile chose & abjecte que
„ l'homme, s'il ne s'éleve au-dessus de l'huma-
„ nité ! .... Voilà un util desir, mais qui sem-
„ ble impossible. Car il ne peut voir que de
„ ses yeux, ni saisir que de ses prises. Il s'é-
„ levera si Dieu lui prête extraordinairement
„ la main : Il s'elevera abandonnant & renon-
„ çant à ses propres moyens, & se laissant hauf-
„ fer & soulever par les moyens purement cé-
„ lestes. C'est à nôtre Foi Chrétienne, non à
„ la vertu Stoïque, de pretendre à cette divi-
„ ne & miraculeuse métamorphose „.

,, bénignité de nôtre Souverain
,, Créateur pour avoir déniaisé nô-
,, tre créance de ces vagabondes &
,, arbitraires opinions , & l'avoir
,, logée sur l'eternelle base de la
,, sainte Parole ,, ! C'étoit aussi la
pensée du savant LA MOTHE
LE VAYER. Après avoir rapporté
diverses *réveries , dont il n'y a pas*
une qui n'ait été avancée par quel-
que Philosophe , il ajoûte : C'est ce
qui doit nous porter à la reconnois-
sance de nôtre foiblesse , & nous fai-
re avoüer que sans l'assistance d'une
Lumiere surnaturelle , les plus grands
esprits

De la
Vertu
des Pa-
yens ,
Sect. 2.
à l'arti-
cle *des*
Stoïques.

(7) *Hæc est via quam Philosophi quærunt ; sed*
ideò non invenerunt, quia in terra potiùs, ubi ap-
parere non potest , quærunt. Errant ergo velut in
mari magno , nec quo fruuntur intelligunt, quia
nec viam cernunt , nec ducem sequuntur ullum.
Eâdem namque ratione hanc vitæ viam quæri opor-
tet, quâ in alto navibus quæritur. Quod nisi ali-
quod cæli lumen observent, incertis cursibus vagan-
tur. Quisquis autem rectum iter vitæ tenere nititur,
non terram debet aspicere, sed cælum , & (ut aper-
tiùs loquar) non hominem sequi debet , sed Deum.
LACT. Lib. VI. C. 8.

(8) *Nulla est humana sapientia , si per se ad no-*
titiam veri scientiamque nitatur ; quoniam mens ho-
minum cum fragili corpore illigata & in tenebroso
domicilio inclusa , neque liberiùs evagari , neque cla-
riùs perspicere veritatem potest , cujus notio divinæ
con-

esprits courent fortune de se perdre dans les ténébres d'une ignorance qu'ils ne peuvent pas d'eux - mêmes sur-monter.

Concluons avec LACTANCE, qu'il en est de la Théologie (7) comme de la Navigation, où le Pilote s'é-gare, s'il ne regarde continuelle-ment les Aftres, & s'il ne tire fa direction du Ciel. (8)

E 3   CHAPI-

conditionis est.   *Deo enim soli opera sua nota sunt; homo autem non cogitando aut disputando assequi eam potest, sed discendo & audiendo ab eo qui scire solus potest & docere.* LACTANT. de div. præmio. C. 2.   Le Juif PHILON dit, que *Moïse* devoit être revêtu du Don de prophétie, pour suppléer au défaut du raisonnement hu-main, parce que l'inspiration divine va où les connoissances naturelles ne sauroient atteindre. ὦν γὰρ ὁ νῦς ἀπολείπεται, πρὸς ταῦϑ ἡ προ-φητεία φϑάνει. Liv. II. *de la Vie de Moïse.* ,, Les ,, Poëtes & les Philosophes, dit *Athenagore*, fai-,, fans effort pour trouver la vérité par leurs pro-,, pres lumiéres, n'y ont pas réüffi, parce ,, qu'ils n'ont point penfé à apprendre de Dieu ,, même ce qui regarde Dieu, chacun voulant ,, puifer cette connoiffance chez foi ,,.

CHAPITRE V.

Où l'on fait voir que les belles pensées des Modernes sur la Théologie naturelle, ne prouvent pas que la Raison soit suffisante, au préjudice de la REVELATION.

NOus venons de voir quelle est la foiblesse des Lumiéres humaines, par l'exemple des Sages du Paganisme & par leur propre confession. L'on dira peut-être, que de tels aveux convenoient dans la bouche des anciens Philosophes, qui n'avoient fait que peu de progrès vers la Vérité ; mais qu'ils ne font plus de saison aujourd'hui, & que les Modernes qui disent le contraire, accordent plus qu'ils ne devroient, la Philosophie étant maintenant assez épurée pour se passer

de

(1) Voici là-dessus un beau passage de VIVE's *de Verit. Fidei*, Lib. I. *Apertis semel à Christo thesauris veritatis, eæ deinceps rationes ab iis qui doctrinæ illi cælesti paruerunt, sunt de pietate inventæ, tam liquidæ, tam apertæ, validæ, efficaces, inexpugnabiles, ut miremur non incurrisse illas in oculos eorum qui inter Gentes sapientiam profitebantur.*

de tout autre ſecours ; témoins ces excellens Traitez de Théologie naturelle , qui ont paru de nôtre tems.

J'avouë qu'on ne ſauroit trop louër le travail de ceux qui ont mis dans un ſi beau jour l'exiſtence & les attributs de Dieu , la conduite qu'il tient à l'égard des hommes , les fondemens du Droit naturel , la ſpiritualité & l'immortalité de l'ame. En cela paroît l'heureux accord de la Foi avec la Raiſon. Mais loin que cela excluë le ſecours de la Révélation , c'eſt préciſément ce qui en fait le triomphe. Car d'où penſe-t-on que ces nouveaux Philoſophes ayent tiré de ſi belles Lumiéres ? Elevez dans le ſein du Chriſtianiſme , ils n'ont fait que confirmer par l'évidence naturelle ce qu'ils avoient déja appris à l'Ecole de JESUS-CHRIST (1). „Or ,*(comme l'obſerve Mr.* LOCKE,)

E 4   „ dès

---

bantur. Sed nimirum Lux addita eſt rebus à Chriſto, quam ille cœlitùs ad nos detulit , quæ Lux illis deerat : - - - Adhibitâ autem rebus Luce , facile eſt quid quæque res & cujuſmodi ſit dicere , & pro iis quæ dixeris argumenta congerere. Parit enim rationem cognita veritas , & veritatem confirmat adhibita ratio.

Locke, Chriſtia-niſ. Raiſon. *Ch.* XIV.

,, dès qu'une choſe nous eſt con-
,, nuë, elle ne nous paroît plus
,, difficile à comprendre, & nous
,, croyons que nous l'aurions décou-
,, verte par nous-mêmes, ſans le
,, ſecours de perſonne. Nous nous
,, en mettons en poſſeſſion comme
,, d'un bien qui nous eſt propre,
,, quoi-que nous ne l'ayons pas ac-
,, quis par nôtre propre induſtrie.
,, Celui qui voyage préſentement
,, par de grands chemins, s'applaudit
,, ſur la vigueur de ſes jambes, &
,, attribuë ſa diligence à la force de
,, ſon temperament, ne conſidé-
,, rant preſque pas combien il eſt
,, redevable à ceux qui ont coupé
,, les bois, ſeché les marais, bâti
,, des ponts, & rendu les grands
,, chemins praticables, ſans quoi il
,, ſe ſeroit fatigué & n'auroit avan-
,, cé que fort peu. Il y a quan-
,, tité de choſes dont la créance

,, nous

(2) C'eſt ce que LA BRUYERE diſoit des beaux eſprits modernes, qui affectent de mé-priſer les anciens, après s'être nourris de leurs Ecrits. Cela me rapelle le conte que l'on fait de *Chriſtophle Colomb,* qui ſe moqua de certaines gens qui ne vouloient pas lui ſavoir gré de la découverte qu'il avoit fait de l'Amérique, comme étant une choſe très-facile. Mr. BAILE,

après

,, nous a été inculquée dès le ber-
,, ceau, de forte que les idées nous
,, en étant devenuës familieres, &,
,, pour ainfi dire, naturelles fous
,, l'Evangile, nous les regardons
,, comme des Véritez qu'il eft aifé
,, de voir & de prouver avec la
,, derniere évidence, fans confidé-
,, rer que nous aurions pû en dou-
,, ter, ou les ignorer pendant long-
,, tems, fi la Révélation n'en eût
,, rien dit ; de forte que plufieurs
,, font redevables à la Révélation
,, fans s'en appercevoir ,,.

C'eft donc une ingratitude & une
vaine préfomption aux Déïftes, de
rebuter un Don fi précieux, dans
le tems qu'ils en tirent eux-mêmes
tant d'avantages, femblables à *ces
Enfans drûs & forts d'un bon lait
qu'ils ont fuccé, qui battent leurs
nourrices* (2). Pour bien juger s'ils

E 5

au-

après avoir prouvé d'après *Cudworth*, que le
fentiment de plufieurs Anciens, touchant la
Divinité, étoit un pur Athéifme, ajoûte :
,, Permettez-moi de vous dire, que ceux qui
,, trouvent avec vous tant de clarté & de facilité
,, dans nôtre queftion, jugent des anciens Sié-
,, cles par le nôtre. Mais il faudroit confidé-
,, rer que ce qui nous eft fi facile & fi mani-
,, fefte, parce que Dieu nous a fait la grace
,, de

auroient pû s'en paſſer , plaçons-
les , non dans un tems où la Lumiere naturelle eſt dégagée , par le
moyen de l'Evangile , des ténébres
qui la couvroient , mais dans un
tems où ces ténébres régnoient encore. Faiſons-les naître dans l'un
des Siécles qui ont précédé la venuë de J e s u s - C h r i s t , ou dans
ces pays où les rayons céleſtes n'ont
pas encore pénétré. Bon Dieu ,
qu'ils ſeroient éloignez d'avoir les
connoiſſances qu'ils ont , & qu'ils
courroient riſque d'être confondus, ou
dans la foule des Idolatres , ou dans
la claſſe des eſprits qui cherchent
encore à tâtons , & ſouvent ſans
ſuccès , les prémieres Véritez! Pour
ſavoir de quoi l'homme eſt capable,
conſultons le Fait: ,, Que nos Ra-
,, tionaliſtes , *dit un excellent Théolo-*
,, *gien de nos jours* , (3) prennent gar-
,, de de ne pas trop préſumer d'eux-
,, mê.

,, de nous communiquer ſa Révélation ,   ne
,, l'étoit pas à ceux qui n'avoient pour gui-
,, de que la Nature. L'eſprit humain abandon-
,, né à lui-même , s'égare facilement ſur une
,, Mer auſſi vaſte & auſſi profonde que celle-
,, là. Nous reſſemblons à ceux qui s'étant
,, ſervis d'un bon Teleſcope, s'imaginent que
,, les autres hommes auroient facilement vû
,, les

,, mêmes. Ils prétendent que c'est
,, une chose facile de découvrir par
,, la Lumiere naturelle tout ce que
,, l'Ecriture Sainte nous enseigne,
,, ou du moins ce qu'il y a d'es-
,, sentiel. Cela ne coute rien à
,, dire, quand on est déja instruit
,, par l'Ecriture (4). Mais en se-
,, roit-il de même, si jamais on
,, n'en eût ouï parler? Il me sem-
,, ble de voir des gens qui, après
,, avoir passé par les mains d'un
,, maître, se vantent d'avoir ap-
,, pris d'eux - mêmes tout ce qu'ils
,, savent, ou qui entendans parler
,, de quelque belle découverte, s'i-
,, maginent, après coup, qu'il leur
,, eût été facile d'en faire autant.
,, Que si l'on veut juger de ce
,, que peut la Raison humaine à cet
,, égard, ce n'est pas une Raison
,, déja éclairée de la Révélation
qu'il

,, les Satellites de Jupiter, s'ils avoient voulu.
,, Reconnoiffons plûtôt que la chofe eft en
,, elle-même difficile. *Contin. des Penfées fur
les Cométes*, Tom. III. C. 21.

(3) WERENFELS, *Differt. Theol. III. de
Præftantia Relig. Revel.* pag. 131. 132.

(4) O *quàm difficilis eft ignorantibus veritas,
& quàm facilis fcientibus !* LACTANT. Lib. II.
C. 5.

,, qu'il faut consulter , mais une
,, raison dépourvûë de ce secours.
,, Or cette Raison ainsi abandonnée
,, à elle‑même , quels monstres n'a‑
,, t‑elle pas enfanté ! J'en prens à
,, témoin tous les Gentils , entre
,, lesquels il s'est trouvé des Génies
,, non moins habiles ni moins per‑
,, çans que ceux de nos jours. En un
,, mot , nous ne connoissons d'autre
,, Religion formée par le seul effort
,, de la Raison que le Paganisme ;
,, car pour le Déisme , c'est une
,, Religion de gens qui, après avoir
,, puisé dans l'Ecriture Sainte tout
,, ce qu'il leur plaît, veulent ensuite
,, en faire honneur à leur Raison,,.

CHAPITRE VI.

Où l'on continuë à montrer , par di‑
verses raisons l'insuffisance de la
simple Philosophie par rapport à la
Religion.

NOus venons de voir que les
Philosophes Modernes n'au‑
roient jamais perfectionné , autant
qu'ils

qu'ils ont fait, la Théologie naturelle, si l'Evangile ne leur eût prê-
té son flambeau. Ainsi leur vaine
prétention est déja réfutée par le
fait. Que si on examine leur méthode en elle-même, on y trouvera plus d'un défaut. Et prémiérement, de n'être pas assez simple ni
assez facile pour tout le monde.
La route de la Philosophie est belle sans doute pour ceux qui ont
l'esprit cultivé. Mais convient-elle
à l'état du plus grand nombre ?
Enfoncez dans les soucis & dans les
besoins de la vie, la plûpart con-
tractent une certaine grossiereté qui
ne leur laisse point goûter les Sciences intellectuelles. Tout ce qui est
de pur raisonnement, & qui dépend
d'une enchainure d'idées, leur paroît sec & abstrait. Il leur faut
quelque chose de palpable, de sensible, en un mot une Institution positive, & des preuves de fait, telles
qu'en fournit la Révélation. Le
P. MALEBRANCHE l'a bien senti :
„ Il falloit, *dit-il*, que la Sagesse
„ éternelle se rendît sensible, pour
„ instruire des hommes qui n'inter-
     „ ro-

Recher-
che de la
Vérité,
Liv. IV.
Ch. 2.

,, rogent que leurs fens. La Vé-
,, rité parloit à leur efprit ; mais ne
,, rentrans point en eux - mêmes, ils
,, ne l'entendoient pas.   Il falloit
,, qu'elle parlât à leurs oreilles . . .
,, fur - tout pour le Vulgaire , pour
,, les Pauvres , qui font le plus di-
,, gne objet de la Miféricorde & de
,, la Providence du Créateur ,,. (1)

2°. Cette voye d'inftruction eft
non feulement la plus populaire, mais
auffi la plus courte. Les habiles
gens en ont eux - mêmes befoin,
pour les mener promptement à
des connoiffances qu'ils n'auroient
pû acquerir fans cela, qu'à force de
tems & de peines (2). C'eft un
grand avantage, dans l'étude de quelque Science que ce foit , d'avoir
un Maître qui vous abrége le chemin , & qui vous épargne les cir-
cuits qu'il faudroit faire , fi l'on
vouloit découvrir tout par foi-mê-
me. Mais cela eft fur - tout néceffaire

(1) C'étoit auffi la penfée d'Origene :
,, Puifque les néceffitez de la vie , & l'infirmité
,, des hommes, ne permettent qu'à un fort petit
,, nombre de perfonnes, de s'appliquer à l'étude,
,, quel moyen peut-on trouver qui foit plus uti-
,, le à tout le refte du monde , que celui qu'a
em-

faire dans la Religion, qui eſt une de ces Sciences qu'on ne ſauroit poſſéder trop tôt, puiſqu'on eſt appellé à en faire uſage dès l'entrée de la vie. Or la Révélation eſt préciſément ce Maître, qui nous ouvre les yeux, & qui nous fait d'abord toucher la Vérité au doigt, ne nous laiſſant que la peine de la reconnoître quand elle nous eſt préſentée, ce qui coute bien moins que de la chercher à ſes propres fraix. Sous ce Maître, chacun peut apprendre facilement, & en peu de tems, ce qui eſt néceſſaire à Salut ; chacun peut ſe délivrer des incertitudes où les ſpéculations philoſophiques ont coûtume de jetter l'eſprit. C'eſt un fil qui nous eſt heureuſement offert pour ſortir du labyrinthe, & avec lequel un génie des plus communs parvient tout d'un coup où d'autres avec toute leur pénétration, n'arriveroient qu'après

avoir

,, employé JESUS-CHRIST pour la conver-
,, ſion des peuples ,, ? *Liv.* I. *contre Celſe.*

  (2) *Philoſophia magiſtra cujus vitæ ?* ... *quum ipſi Doctores ante fuerint ſenectute confecti quàm conſtituerint quomodo vivi deceat.* LACTANT. de falſa Sap. C. 14. Voyez *ibid.* C. 16.

avoir tâtonné long-tems (3). Ecoutons là-dessus THOMAS D'AQUIN: (4)
,, Si l'étude des Véritez célestes
,, étoit laissée aux seules recherches
,, de la Raison, il en naîtroit trois
,, inconvéniens. Le prémier, que peu
,, de gens en auroient une connois-
,, sance suffisante, tant à cause du
,, peu de disposition que la plûpart
,, ont pour les Sciences, qu'à cau-
,, se de leur paresse, & de la né-
,, cessité où ils se trouvent de ga-
,, gner leur pain à la sueur de leur
,, visage. Le second, que ceux qui
,, réüssiroient dans cette étude, ne
,, le feroient que fort tard, soit à
,, cause de la profondeur du sujet,
,, soit parce que cette étude requiert
,, diverses connoissances préliminai-
,, res, soit parce que la jeunesse est
,, un âge trop agité de passions &
,, trop boüillant pour s'employer en
,, ces sortes de méditations. Le
,, troisiéme inconvénient est, qu'il se
,, mêle presque toûjours du faux
,, dans

(3) Selon ce qui est dit *Matth.* XI. 25. *qu'il y a des choses cachées aux Sages & aux Savans, que Dieu découvre aux petits & aux simples.*

(4) Dans sa *Somme contre les Gentils, Liv. I. Ch.* 4. Il en dit autant dans son autre *Somme.*

  ,, dans nos jugemens , à caufe de
  ,, la foibleffe de nôtre entendement,
  ,, & de la confufion de nos idées ;
  ,, en forte que plufieurs Véritez ,
  ,, bien que folidement établies , ne
  ,, feroient point leur effet , parce
  ,, qu'on ne fentiroit pas la force
  ,, des preuves , fur-tout en voyant
  ,, les Savans être fi peu d'accord
  ,, dans leurs opinions , &c. . .

J'avouë que la Révélation elle-même n'eft pas entiérement à l'abri de ces inconvéniens , puifqu'il faut quelque foin pour la connoître & pour la bien entendre. Elle donne pourtant moins de champ à nos réveries , elle nous permet moins d'écarts. C'eft toûjours un guide de plus , & un guide qui nous conduit fûrement à ce qu'il y a de plus effentiel , en donnant peu d'effor à l'imagination. L'on a bien corrompu le fens de l'Ecriture par de fauffes glofes ; mais l'abus de ce faint Livre eft - il jamais allé juf-qu'à n'y pas voir les grands princi-pes de la Religion ? L'on difpute entre les Chrétiens fur des articles qui ont fans doute leur importance ;

F   mais

mais ont-ils jamais mis en queſtion, comme les Philoſophes, s'il y a un Dieu, une Providence, un Jugement dernier? Ont-ils jamais héſité ſur les Régles de la Morale? La Révélation ne rend pas infaillible, ni impeccable chacun de ceux à qui elle eſt adreſſée; mais elle leur donne une direction plus ſûre, plus prompte, & en général plus efficace, que ne feroit la ſimple Raiſon. Ceci deviendra ſenſible par un exemple. Quoi de plus clair que les principes du juſte & de l'injuſte, naturellement gravez dans la conſcience de chacun? Si tout le monde étoit raiſonnable, il ne faudroit point d'autre régle. Cependant l'on a été obligé *de mettre*, pour ainſi dire, *la Raiſon par écrit*, en inſtituant des *Loix civiles*, non pour abolir le *Droit naturel*, mais pour le fortifier, ſans quoi il feroit bientôt étrangement corrompu par la ſtupidité ou la malice des hommes.

Vie de Mr. de Cambrai, pag. 118.

Ces

(5) „La formation du Monde, *dit* Mr. „JAQUELOT, eſt un de ces articles qui nous „font comprendre le plus clairement ce que „c'eſt qu'élever la Raiſon, & l'éclairer en des „choſes, où, peut-être, elle n'auroit pû „s'é-

Ces Loix, il eſt vrai, ne remédient pas entiérement au mal, & ne préviennent pas toute chicane. Cependant quelle utilité n'en retire-t-on pas, en ce qu'elles fixent juſqu'à un certain point des idées de juſtice qui autrement ſeroient abandonnées à la diſcretion de chacun? Or ce que ſont les Loix écrites dans la Société, la Parole de Dieu l'eſt dans la Religion, avec cette différence, qu'elle eſt une régle infaillible, comme etant émanée d'un Légiſlateur divin.

3°· Quelque achevé que puiſſe être un Syſtéme de Religion formé de la ſeule main des Philoſophes, il ne ſauroit renfermer tout. Pouſſez les vûës de la Raiſon auſſi loin qu'il vous plaira, il y aura toûjours des Véritez importantes hors de ſa ſphére. La Philoſophie ne nous apprend rien de poſitif ſur l'origine du Monde. C'eſt un fait dont il falloit que la Révélation nous inſtruiſît (5). Si Dieu demande une

F 2

for-

,, s'élever d'elle-même; mais qu'elle a em-
,,braſſées avec plaiſir auſſi-tôt qu'on les lui a
,,montrées, & qu'on lui en a fait la découverte.
Examen de la Théologie de Mr. BAYLE, Part. I.
Ch. X.

forme pofitive de culte , il eft bon que fa Parole le régle & le fixe , fans quoi il feroit difficile de fe bien déterminer là-deffus. Ce n'eft point affez non plus que de donner des préceptes. L'homme depuis fa chute veut être traité en malade ; il a befoin non feulement d'un certain régime, mais de remédes pour fe rétablir dans fon prémier état. Les divers moyens d'expiation pour le crime, dont les hommes s'étoient avifez, font trop frivoles pour tranquilifer la confcience. Dieu feul pouvoit donner des affûrances de grace, & nous ouvrir une voye de réconciliation , comme étant une chofe qui dépend uniquement de fon bon plaifir. Ce font *des Myfté-*

Ephef. *res* de Charité *qui furpaffent toute con-*
III. 19. *noiffance naturelle, des chofes que l'œil*
1. Cor. *n'avoit point vûës , que l'oreille n'a-*
II. *voit point ouïës , qui n'étoient jamais venuës dans l'entendement humain , mais que Dieu a revélées par fon Efprit. Car comme il n'y a que l'efprit de l'homme qui fache ce qui fe paffe en l'homme, de même il n'y a que l'efprit de Dieu qui connoiffe ce qui eft en*

Dieu

Dieu. Enfin, outre une amniſtie, l'homme pécheur a beſoin d'un ſur- croit de lumiéres, d'encouragemens, de graces & de ſecours propor- tionnez à ſa foibleſſe. Je ſai bien que la Loi naturelle n'en eſt pas dé- pourvuë. Mais nous verrons en ſon lieu, que la Révélation en renferme beaucoup plus, & ſur-tout qu'*elle met dans un jour* bien plus grand *l'Immortalité & la vie*, ce qui eſt une prérogative ineſtimable. Car quand on voit les Philoſophes ſoûte- nir, les uns que l'ame eſt materielle, les autres, qu'elle n'eſt point immor- telle dé ſa nature, mais ſeulement par la volonté divine; où en ſe- roient nos eſpérances, ſi Dieu ne s'étoit déclaré expreſſément là-deſ- ſus, & ſi ſes promeſſes ne mettoient le dogme d'une Vie à venir au deſſus de toutes les viciſſitudes de l'Ecole?

4°. Enfin, quelque beau que puiſſe être un Traité de Religion purement philoſophique, il manquera toûjours d'une condition eſſentielle, qui eſt l'autorité. Qu'on louë tant qu'on voudra les leçons d'un Sage; ce

Sage

Sage n'eſt pas infaillible , & ſes ſentimens ne ſont point régle ; ce ne ſont que des Syſtémes arbitraires , auxquels perſonne n'eſt aſſujetti. Il eſt vrai que la Lumiére naturelle peut être regardée en quelque façon comme *autoriſée*, en ce qu'elle vient de Dieu , auſſi bien que la Révélation. Mais comme elle en vient d'une maniére moins marquée, ou moins viſible , & que d'ailleurs aucun Philoſophe n'eſt muni d'un caractére légiſlatif , il arrive que les plus beaux raiſonnemens ne paſſent après tout que pour des diſcours humains (6). Dans le champ libre des conjectures, chacun préférera les ſiennes ; l'on diſputera avec un droit égal de part & d'autre ; Et dans les choſes tant ſoit peu douteuſes, on ne ſe déterminera que

---

(6) *Nihil-ne illi veriſimile præcipiunt? imò permulta , & ad verum frequenter accedunt ; ſed nihil ponderis habent illa præcepta , quia ſunt humana , & autoritate majori, id eſt , divinâ illa carent. Nemo igitur credit, quia tam ſe hominem putat eſſe. qui audit quàm eſt ille qui præcipit.* Lactant. Lib. III. C. 27. Voyez auſſi l'*Exhortation aux Gentils* de Justin Martyr.

(7) *Non tanquam ex Philoſophorum concertationibus ſtrepit, ſed tanquàm ex Dei oraculis & nubibus intonat.* August.

que selon sa fantaisie. Mais dès que Dieu parle, cela est tranchant & décisif. Cette autorité nous fixe, & nous fait passer par dessus ce qu'il pourroit y avoir d'obscur dans la chose, comme un fils se détermine souvent sur la parole de son pére, dans des affaires qu'il ne comprend pas lui-même parfaitement (7). Bien des gens croyent que divers points essentiels ne sauroient être prouvez suffisamment par la Raison. L'Ecriture vient donc fort à propos à nôtre secours pour lever nos doutes. S'il est question, par exemple, de l'immortalité de l'ame, dont nous parlions tout-à-l'heure, une seule parole de JESUS-CHRIST est plus capable de nous affermir là-dessus, que tous les Dialogues de PLATON (8). Mr. de S. EVRE-

F 4   MOND,

(8) POMPONACE, (*de Immortalitate animæ, Cap. ultimo*) avoüe que la Philosophie ne sauroit nous assûrer là-dessus comme la Religion : *Quisquis enim hâc viâ procedet, ut existimo, semper incertus & vagus fluctuabit ; unde credo, quantumcunque* PLATO *tot ac tanta egregiè scripserit de animorum immortalitate, firmitatem tamen habuisse non existimo ; quod conjecturo ex fine Apologiæ ; ibi enim videtur sub dubio relinquere. In* TIMÆO *etiam, cùm de hoc sermonem habiturus*

MONT, diſoit : (9) *Je fais plus d'etat de la Foi d'un Païſan que de toutes les Leçons de* SOCRATE. Effectivement, il eſt difficile que la ſimple Philoſophie produiſe une perſuaſion vive & ferme, ſur-tout parmi les gens du commun. Un Oracle qui décide, eſt un moyen beaucoup plus ſûr de faire impreſſion ſur les eſprits (10). Et par rapport à la Morale, où en ſeroit-t-on s'il falloit toûjours déduire, par ordre, les motifs & les régles de nos devoirs, & remonter juſqu'aux ſources métaphyſiques du Droit

---

turus eſſet, dixit ſatis ſibi eſſe ſi in re tam difficili veriſimilia diceret. Quare omnia ejus dicta conferendo, mihi videtur magis opinando quàm aſſerendo loqui..... At vià fidelium incedentes ſtabiles & inconcuſſi permanent ; quod divitiarum, honorum, voluptatum & omnium mundanorum contemptus declarat, & demùm corona Martyrii, quam ardentiſſimè affectabant, affectatamque cum ſumma voluptate conſequebantur.

(9) Dans le Diſcours qui a pour Titre: *L'Homme qui veut connoître toutes choſes ne ſe connoît pas lui-même.*

(10) ORIGENE mérite d'être écouté là-deſſus : ,, Pour toucher le cœur des hommes, ,, *dit-il,* il ne ſuffit pas que les choſes qu'on ,, leur dit ſoient véritables, & dignes de foi ,, en elles-mêmes ; mais il faut de plus que ,, celui qui parle ſoit aſſiſté d'une vertu particuliére de Dieu, & qu'une grace, qui ,, ne peut venir que du Ciel, ſoit répanduë ,, ſur

Droit naturel, pour en inférer la justice interne de chaque précepte? La voye de commandement a plus de force (11). Dès qu'une Loi prononce, il n'y a point à héſiter. „A l'égard de la plus grande par-„tie des hommes, *dit* Mr. LOCKE, „il eſt ſans doute beaucoup plus „ſûr & plus court, qu'une perſonne „envoyée de Dieu avec des preu-„ves ſenſibles de ſa miſſion, vien-„ne à eux en qualité de Roi & „de Légiſlateur, pour les inſtruire „de leurs devoirs, & pour leur „commander de les remplir, que „de

Chriſ-tianiſme raiſon-nable, *T. I. Ch.* 14.

„ſur ſes lévres, afin qu'il parle avec fruit... „Ainſi quand nous accorderions ſur quelques „points, que les Dogmes de la Religion Chré-„tienne ſont les mêmes que ceux des Grecs, „toûjours ceux-ci n'auroient-ils pas autant „de vertu pour gagner l'ame & la bien diſ-„poſer. De-là vient que les Diſciples de „JESUS, qui n'ayans aucune teinture de la „Philoſophie Grecque, ne pouvoient paſſer à „cet égard que pour des perſonnes mal-inſ-„truites, allérent répandre leur Doctrine dans „une partie de la Terre, ... au lieu que les „Philoſophes retenans la vérité captive....&c. *Liv. I. contre Celſe.*

(11) Voyez le *Chap.* XLI. du XVIII. *Livre* de S. AUGUSTIN, *de Civitate Dei.* VIVES l'a auſſi remarqué: *Humana quantumcunque magna & fortia, imbecillia ſunt, quòd ab imbecillo & corrupto vaſe prodeunt, & debili brachio inſi-guntur. Deus autem potens eſt & dat voci ſuæ robur validiſſimum.* De verit. fidei, *Lib.* II.

,, de se remettre de ce soin-là sur
,, des raisonnemens d'une longue dis-
,, cussion, & souvent fort embarras-
,, sez ,,.

Si l'on dit que cet inconvénient peut s'éviter en réduisant la Morale à des Sentences courtes & vives, comme ont fait STOBE'E & quelques autres ; cela seroit bon si ces personnes pouvoient donner force de Loi à leurs Sentences. Mais ce ne seront jamais que des Conseils, qui n'imposent point une obligation proprement dite. Ecoutons encore Mr. LOCKE :   ,, Quand on auroit re-
,, cueilli tous les préceptes de *Solon,*
,, de *Bias,* de *Zenon,* de *Ciceron,*
,, & de *Seneque,* & que pour ren-
,, dre l'ouvrage plus complet, nous
,, irions jusques dans la Chine con-
,, sulter *Confucius,* & le sage *Ana-*
,, *charsis* en Scythie, comment un
,, tel recueil auroit-il pû devenir
,, une régle fixe, & une véritable
,, copie de la Loi, sous laquelle
,, nous vivons ? Seroit-ce d'*Aris-*
,, *tippe* ou de *Confucius* qu'il auroit
,, tiré son autorité ? *Zenon* avoit-
,, t-il le droit de faire des Loix
,, au

Ibidem.

,, au Genre Humain ? S'il ne l'avoit
,, pas, tout ce que lui ou quel-
,, qu'autre Philosophe pouvoit dire,
,, n'étoit compté que pour le sen-
,, timent d'un simple homme, que
,, les autres peuvent recevoir ou
,, rejetter. Autrement il faudroit
,, admettre également tout ce qu'a
,, enseigné ce Philosophe *&c.* . . . .

Enfin l'on sait que ce qui donne
une consistence durable aux Religions, c'est un Ministére sacré &
une forme publique de Culte. Or
je doute qu'on en puisse établir un
solidement sans une autorité céleste.
Autrement, chacun se croira maître,
ou de n'en point pratiquer, ou d'en
forger à sa fantaisie, comme on l'a
vû chez les Payens. Et il ne faut
pas s'imaginer que les Souverains
pûssent faire à cet égard ce qu'ils
font par rapport aux Loix civiles,
je veux dire, prêter leur autorité à
un corps de Théologie pour le faire valoir. Car outre qu'il importe
que le Souverain lui-même y soit
assujetti, on doit remarquer que
tout le poids de la Religion con-
siste dans la persuasion que c'est un

moyen

moyen ordonné de Dieu pour faire son salut. Sans cela, elle perd toute sa force. Or les Ordonnances humaines ne peuvent assujettir que l'extérieur, & ne concernent que nôtre état temporel. Il n'appartient pas à l'homme de promettre les biens célestes, ni de lier la conscience. Une Religion établie civilement ne seroit point à proprement parler une Religion. Je n'ignore pas qu'il y en a eu qui étoient le pur ouvrage de la Politique, comme on l'a dit en parlant de *Minos* & de **Numa**. Mais la maniére, dont ces Législateurs s'y sont pris, est elle-même une bonne preuve de ce que nous avançons. Car puis qu'ils ont cru devoir faire intervenir le Ciel dans l'établissement de leurs cérémonies, n'est-ce pas une marque qu'ils n'estimoient point l'autorité humaine suffisante pour y donner vigueur?

Conclusion. Ainsi le Déïsme est un Systéme défectueux de tout point, & qui tend, comme on le disoit au commencement, à anéantir toute Religion. Otez à la Théologie naturelle

la

la Révélation, qui lui fert d'arc-
boutant ; elle dégénerera bientôt en
froide fpéculation, en chiméres de toute efpéce, ou bien en indifférence.
J'aimerois autant qu'on voulût abolir toutes les Loix écrites, fous prétexte que le Droit naturel eft affez
beau & affez clair de lui-même. Ce
feroit le moyen de nous plonger bientôt dans l'Anarchie. Il y a des projets
qui paroiffent beaux en idée, & qui
font infoutenables dans la pratique.
Celui des Déïftes eft de ce nombre. Ils forgent à plaifir des tableaux de Religion naturelle & des
rélations de certains Pays ima-
ginaires (12), pour faire croire que
l'on vivroit heureux fous cette Loi.
Par malheur tout cela n'exifte que
dans leur cerveau ; c'eft la République de PLATON. Ils n'ont pû encore trouver fous le Ciel un Peuple qui profeffât réellement leur
Naturalifme ; & véritablement il
n'y en a point. Suppofé qu'on
réüffit à amener une Nation à ce
point-là, elle ne s'y tiendroit pas
long-

(12) Comme le Voyage de *Jacques Maffé*.
& l'Hiftoire des *Sevarambes*.

long-tems. Vous la verriez bientôt tomber, ou dans un entier oubli de Dieu, ou dans les derniéres superstitions ; Et pour un petit nombre d'esprits qui sauroient garder un juste milieu, le gros du monde iroit tout droit, ou à l'irreligion, ou à l'extravagance. C'est ce qui est arrivé à tous les Peuples qui n'ont point été favorisez de la Lumiere céleste. Ces beaux plans pourroient avoir lieu, si le Genre Humain n'étoit qu'une Societé de Philosophes, & encore de Philosophes toûjours raisonnables. Mais les choses ne vont pas ainsi. Le monde ne se gouverne point par des idées métaphysiques, & c'est connoître bien mal les hommes, que de croire qu'ils puissent se passer d'une Religion estimée divine. Otez leur celle qu'ils ont, il leur en faudra une autre. La place ne sauroit demeurer vuide. Au défaut d'une Révélation véritable, ils donneront dans les fables, & seront la dupe du prémier Fanatique qui saura leur en imposer. Je ne comprens pas quelle est la prudence des

Déïstes

Déïstes, de vouloir sapper la Foi Chrétienne, sur-tout dans les Pays où cette Foi a été heureusement ramenée à sa plus grande simplicité par la Réformation. S'ils viennent à bout de leur dessein, que pourront-ils y substituer, qui ait la même étenduë & la même force? Ils n'y gagneront rien assûrément. Leur travail n'aboutira qu'à rompre la seule digue, assez forte pour retenir la multitude naturellement portée à la superstition; & à favoriser quelque Enthousiaste, qui s'emparera du siége vacant. C'est à eux de voir s'ils aiment mieux que le monde retombe dans ses anciennes folies, que de l'en voir purgé par le moyen de l'Evangile. S'ils ont si fort à cœur les droits de la *Loi naturelle*, que ne se joignent-ils à nous, pour remettre le Christianisme dans sa vigueur & dans sa pureté. comme étant l'unique moyen de faire fleurir véritablement cette *Loi*, & d'éclairer les Peuples? Nôtre Religion a certainement deux grands avantages, comme on le verra dans la suite, 1°. d'être plus conforme

à la droite raiſon , plus ſainte ,
plus utile aux Societez qu'aucune
de celles qui ont cours dans le
monde ; & en ſecond lieu d'être
la plus autoriſée , & la mieux
fondée en faits. Cela étant, je
ne vois pas ce qui peut intéreſſer
les Déïſtes à ſa ruïne. Il me paroît au contraire que tout homme
ſage doit en ſouhaiter le maintien,
& la regarder de bon œil, quand
même il n'y ſeroit pas encore porté par foi & par conviction.

TRAITE'

TRAITÉ
DE LA VERITÉ
DE LA
RELIGION
CHRETIENNE.

SECTION II.
Des Caractéres de la
REVELATION.

CHAPITRE PREMIER,

Où l'on examine si la REVELATION a dû être universelle; & 1º. à l'égard du tems.

Près avoir montré le besoin que nous avons d'une *Révélation* divine, il est à propos d'examiner quels Caractéres elle doit avoir,

G

afin

afin d'être reconnuë pour telle. Quelques *Déistes* en exigent deux. Ils voudroient, prémiérement qu'elle fût universelle; secondement qu'elle fût d'une si grande évidence, que personne ne pût la méconnoître. Nous ferons voir que ces conditions ne sont pas nécessaires; & en la place de ces caractéres faux, nous en substituerons de véritables & de légitimes.

Question générale, si la Révélation a dû être accordée universellement.

On demande donc, (1) „ si Dieu, „ qui est le Pére commun des hom- „ mes, n'auroit pas dû se révéler „ également à tous, depuis le com- „ mencement du Monde, & d'un „ bout de la Terre à l'autre, sans „ distinction de tems, ni de lieu. „ Le besoin étoit le même chez „ tous les Peuples. Dieu n'est point „ un Etre partial, ni borné dans „ ses bienfaits. S'il avoit jugé la „ Révé-

(1) Cette objection se trouve dans le Livre Anglois, qui a pour titre: *Les Oracles de la Raison.*

(2) „Les hommes qui étoient si près de „ l'origine des choses, n'avoient besoin pour „ connoître l'Unité de Dieu, & le service qui „ lui étoit dû, que de la Tradition qui s'en „ étoit conservée depuis Adam & depuis Noé„. *Discours sur l'Histoire Universelle*, P. 2. La plû-

„ Révélation ſi importante, il l'au-
„ roit accordée à tout le Genre
„ Humain. Ne l'ayant pas fait,
„ c'eſt une marque qu'il n'en a
„ point voulu accorder du tout „.

A l'égard du *tems*, je répons d'a-
bord, que la Révélation eſt auſſi ancienne que le Monde, puiſque Dieu
ſe communiquoit aux Patriarches,
& que la mémoire encore toute frai-
che de la Création & du Déluge
en tenoit lieu aux autres (2).

D'ailleurs, il ne faut pas croire que
la Lumiére naturelle ſe ſoit obſcurcie
dès les prémiers âges, autant qu'elle
l'a été dans la ſuite. Le mal n'eſt
venu que peu à peu (3). On voit
par les exemples de *Melchiſedec*,
d'*Abimelech*, de *Laban*, de *Job*,
que la connoiſſance du vrai Dieu
s'eſt long‑tems conſervée en Orient.

G 2　　　　Il

Prémiere branche de la Queſtion générale, ſi la Révélation a dû être accordée de tout tems.

plûpart même des Théologiens ſont dans la
pénſée qu'il ſeroit difficile d'expliquer comment tous les prémiers Peuples ſe ſont portez
à rendre à Dieu un certain culte, tel, par
exemple, que celui des Sacrifices, ſans une
Révélation qui le leur dictât.

(3) *Errant qui Deorum cultus ab exordio fuiſſe
contendunt, & priorem eſſe Gentilitatem quàm Dei
Religionem.* LACTANT. Lib. II. C. 14. Voyez Mr. SCHUCKFORT dans ſon *Hiſtoire ſacrée
& profane*, qui a paru depuis peu.

Il n'y avoit point au commencement d'Idoles à *Rome* (4), ni dans
les *Gaules*, pas même dans la *Grece*,
ni en *Egypte*. Le Paganifme s'in-
troduifit d'abord par des cérémonies aflez innocentes, par des idées
& des pratiques qui n'avoient rien
de mauvais qu'un peu de groffiere-
té. La Superftition s'accrut enfui-
te (5), comme cela arrive d'ordinaire. On perdit de vuë l'inftitu-
tion primitive ; & la fantaifie humaine fe donnant un libre cours,
forma par dégrez cette monftrueufe
Théologie que nous avons dépein-
te.

Dieu

(4) Voyez DENIS D'HALICARNASSE,
Liv. I. HERODOTE, Liv. II. *La Religion
des Gaulois*, Liv. I. LUCIEN, *de la Déeffe
de Syrie. Les Mœurs des Sauvages*, du Pére
LAFFITEAU.

(5) Cela fe voit en comparant les Mœurs
anciennes des Peuples avec ce qu'ils devinrent
dans la fuite, & en cherchant l'origine de
leurs coutumes & de leurs opinions; car plus
on remonte dans l'antiquité, plus on trouve
que les hommes approchoient de la Religion
naturelle, par la fimplicité de leur culte.

(6) C'eft l'Auteur du Livre *de Vocatione
Gentium*, Lib. I. C. 2. Plufieurs l'attribuent à
PROSPER. On le trouve parmi les Oeuvres
de S. AMBROISE. Ce Livre contient plufieurs beaux paffages fur l'excellence & l'étenduë de la Lumiére naturelle, & entr'autres
celui-

Dieu prit soin alors de se conserver quelques adorateurs, en se manifestant à *Abraham* & aux siens, & puis à tout un peuple ; non sans fournir cependant aux autres assez de moyens de le connoître, s'ils avoient voulu en profiter. Car, comme dit S. PAUL, *quoi qu'il les eut laissé marcher dans leurs voyes, il ne discontinua point de rendre témoignage de ce qu'il est, en faisant du bien aux hommes, & en dispensant les pluyes du Ciel, & les saisons fertiles,* ensorte *que ce qui se peut connoître de Dieu, leur a été manifesté. Nous croyons,* dit un Ancien (6),

Act. XIV. 16. 17.

Rom. I. 19.

G 3

con-

celui-ci, *Lib.* II. C. 1. *Quamvis speciali curâ atque indulgentiâ Dei Populum Israëliticum constet electum, omnesque aliæ Nationes suas vias ingredi, hoc est, secundùm propriam permissæ sint vivere voluntatem, non ita se tamen æterna creatoris bonitas ab illis hominibus avertit, ut eos ad cognoscendum se atque metuendum nullis significationibus admoneret. Cœlum quippe, ac terra, & mare, omnisque creatura quæ videri atque intelligi potest, ad hanc præcipuè disposita est humani generis utilitatem, ut natura rationalis de contemplatione tot specierum, de experimentis tot bonorum, de perceptione tot munerum, ad cultum & dilectionem sui imbueretur authoris, implente omnia Spiritu Dei, in quo vivimus, movemur & sumus. Et Cap.* 2. *Quod ergo in Israël per constitutionem Legis & Prophetica eloquia gerebatur, hoc in universis Nationibus, totius creaturæ testimonia & bonitatis Dei miracula, semper egerunt, &c.*

conformément aux Ecritures, que la Providence divine n'a abandonné aucune Nation. Car bien que le Seigneur eut attaché un certain Peuple à son service par une alliance particuliére, il n'a pourtant pas sevré les autres des présens de sa bonté. Ce qu'il enseignoit là par la voix des Prophétes, il l'enseignoit ailleurs par celle des Elémens & de la Nature. CLEMENT ALEXANDRIN veut même qu'on regarde la Philosophie comme un moyen que Dieu fournissoit aux Grecs, pour *leur servir de pédagogue, ainsi que la Loi en servoit aux Hébreux* (7).

Strom. I.

Cependant, comme ils fermérent volontairement les yeux à la Lumiére,

(7) S. AUGUSTIN dit quelque chose d'approchant, & veut qu'on regarde comme dicté par Dieu même, tout ce qu'il y avoit de raisonnable chez les Législateurs & les Philosophes : *Ipsi eis erant Philosophi, ipsi Theologi, ipsi Prophetæ, ipsi Doctores atque pietatis. Quicunque secundùm illos sapuit & vixit, non secundùm homines, sed secundùm Deum, qui per illos locutus est, sapuit & vixit. Ita si prohibitum est sacrilegium, Deus prohibuit . . . si dictum est non mœchaberis, & cætera hujusmodi, non hæc ora humana, sed oracula divina fuderunt. Quicquid Philosophi quidam, inter falsa quæ opinati sunt, verum videre potuerunt & laboriosis disputationibus persuadere moliti sunt . . . ea propheticis, hoc est, divinis vocibus populo*

miére, le Seigneur ne jugea pas à propos de leur en fournir de plus grandes. (8) Il les abandonna pour un tems à eux-mêmes, & les *laiſſa errer dans leurs voyes*, ſoit pour punir en eux le mépris de la Vérité, ſoit pour leur apprendre par là à ſentir leur foibleſſe, & à ſoupirer après le ſecours d'enhaut, ſoit pour d'autres raiſons qui peuvent nous être inconnuës.

Mais enfin, lors que le mal eut gagné de toutes parts, & qu'à la honte de la *Sageſſe humaine*, il eut paru que *perſonne ne doit ſe glorifier devant Dieu* (9), la Vérité brilla du Ciel, & vint répandre ſes rayons ſur la Terre, (10) par le

G 4 moyen

populo commendata ſunt De Civit. Dei, *Lib.* XVIII. C. 41. Dans le même Ouvrage, *Lib.* II. C. 7. ce Docteur aſſûre que les découvertes des Sages du Paganiſme étoient dûes à l'aide de Dieu. Voyez auſſi ORIGENE *contre Celſe*, Lib. VI. p. 276. & LACTANCE, *Liv.* VI. C. 8.

· (8) Voyez le I. Chapitre de l'Epître *aux Romains*.

(9) Voyez le I. Chapitre de la I. Epître *aux Corinthiens*.

(10) *Ecce vox de Cœlo veritatem docens.* LACTANT. Lib. III. C. 30. *Idem* Lib. V. C. 7. *Deus ut parens indulgentiſſimus, appropinquante ultimo tempore, nuncium miſit qui vetus illud ſæculum fugatamque juſtitiam reduceret, ne humanum enus maximis & perpetuis agitaretur erroribus.*

moyen de l'Evangile. *Ce fut alors*
que Dieu, ne regardant point à ces
tems d'ignorance, ordonna en tous
lieux à tous les Hommes de se con-
vertir. ,, L'Homme, *disoit* LAC-
,, TANCE, n'ayant pû parvenir de
,, lui-même à la connoissance des
,, choses divines, Dieu n'a pas vou-
,, lu qu'il fît plus long-tems d'inutiles
,, efforts, ni qu'il errât davantage
,, dans une obscure nuit. Mais il
,, l'a enfin gratifié de la clarté du
,, jour, comme d'un bienfait de sa
,, main, tant pour convaincre de va-
,, nité la Sagesse humaine, que pour
,, ramener l'homme aveugle & vaga-
,, bond, au chemin de l'immortalité.

J'avouë qu'on ne sauroit rendre
parfaitement raison de ce que la
venuë du MESSIE a été assignée
précisément à ce tems-là, & non
plûtôt ou plûtard. Cela dépendoit
du

(11) *Ratio & hîc fuit cur non nuper, sed hodie*
sospitator nostri generis adveniret. Quænam igitur
ratio est? Non imus inficias nescire nos. Neque
enim promptum est cuiquam Dei mentem videre,
aut quibus modis ordinaverit res suas homo animal
cæcum & ipsum se nesciens ullis potens rationibus
consequi, quid oporteat fieri, quando vel quo genere
ipse rerum cunctarum pater, moderator & domina-
tor. Nec si ego nequivero causas vobis expromere cur
aliquid

du bon plaisir de Dieu, qui connoît mieux que nous les saisons propres à l'exécution de ses desseins. S'il est le maître de ses dons, à plus forte raison l'est-il du tems & des circonstances, & ce n'est point à nous à lui demander compte de sa conduite (11). *Car qui est-ce qui a connu la pensée du Seigneur, ou qui est-ce qui a été son Conseiller ? Qui est-ce qui l'a prévenu, en lui donnant quelque chose, & il lui sera rendu ?* Rom. XI. 34, 35.

Si pourtant il étoit permis de hazarder là-dessus quelques conjectures, je dirois prémierement, que l'état & le génie du peuple Hébreu vouloit qu'il passât quelque tems sous la discipline de la Loi, avant que d'être élevé à une dispensation plus parfaite, comme on le verra ailleurs ; qu'il falloit que le MESSIE fût précédé (12) par
des

aliquid fiat illo, vel hoc modo, continuò sequitur ut infecta fiant, quæ facta sunt, & amittat res fidem quæ generibus virtutum tantis & potestatibus indubitabilis esse monstrata est. ARNOB. adv. Gentes, *Lib.* II. Voyez THEODORET, c. *Græcos Orat.*

(12) „Il a fallu, *dit* DU PLESSIS MOR-
„NAI, qu'il fût annoncé pour être désiré &
„dénoté. Il a été annoncé comme un Roi par
„le cortege qui le précéde. Voyez aussi le
Catéchisme de Grenade, T. III. p. 238.

des Prophétes qui le défignaffent, & qui marquaffent d'avance les caractéres auxquels on pourroit le reconnoître ; que ce Meffie devoit venir quand l'état des Juifs étoit fur pié, & que néanmoins la Loi de Moïfe n'étoit plus praticable pour un grand nombre d'entr'eux, à caufe de leur éloignement & de leur difperfion ; enfin que l'Evangile ne pouvoit être annoncé plus à propos que lors que cette même difperfion des Juifs en facilitoit la publication par tout le monde, & que leurs Colonies répanduës çà & là, donnoient aux Apôtres une libre entrée chez les Gentils. C'étoit là, ce femble, le vrai point de maturité, auquel l'Alliance Légale devoit prendre fin, pour faire place à une Economie nouvelle.

2°· Du côté des Payens, il étoit bon auffi que l'homme eût, pour ainfi dire, le loifir d'effayer fes

forces,

____

(13) ,,Sans les Aveugles, fans les Sauvages, ,,fans les Infidéles qui reftent, & dans le fein ,,même ̇u Chriftianifme, nous ne connoîtrions ,,pas affez la corruption profonde de nôtre na-,,ture, ni l'abîme d'où Jesus-Christ nous

,, a

forces, pour se convaincre de sa propre foiblesse, & pour recevoir avec plus de reconnoissance le don de Dieu. On sent mieux le prix des choses quand on en a été privé quelque tems. Si le Genre Humain avoit toûjours vécu sous le bénéfice de la Révélation, il auroit ignoré son état naturel, & auroit pû s'imaginer, comme font les Déïstes, que la Philosophie est suffisante, & qu'une autre lumiére est superfluë (13). Mais cette présomption s'évanoüit maintenant, qu'une expérience de plusieurs Siécles nous a fait voir des Philosophes, qui après s'être tournez de tous les côtez, n'ont pourtant fait que de vains efforts. De la maniére que les hommes sont faits, il ne falloit pas moins que de tels exemples, pour rabattre leur orgueil. Quand quelqu'un s'est rendu malade par sa faute, & qu'il a encore l'entête-ment

,, a tirez. Si sa sainte vérité n'étoit contredite, ,, nous ne verrions pas la merveille qui la fait ,, durer parmi tant de contradictions, & nous ,, oublierions à la fin que nous sommes sauvez ,, par la grace,,. *Discours sur l'Histoire Univer-selle.*

ment de ne pas avouer son mal, ou de se confier à des Charlatans, le Médecin n'a-t-il pas droit de se faire un peu attendre, afin qu'on sente le besoin qu'on a de lui, & qu'on se rende désormais plus docile à ses conseils?

3°. Entr'autres circonstances qui favorisoient la venuë du Sauveur dans le tems qu'il a paru, on peut bien compter la face politique du monde, telle qu'elle étoit alors. Toute la Terre étant rangée sous la Loi des Romains, & jouïssant d'une pleine paix, cette conjoncture donnoit aux Prédicateurs de l'Evangile la facilité de parcourir presque tout le monde, sans être arrêtez par les obstacles que la différence de Dominations (14), ou les troubles de la Guerre font ordinairement rencontrer. S. PAUL se servit utilement de sa qualité de Citoïen Romain, pour faire en sûreté de longues

____

(14) „Dieu qui vouloit préparer les Na-
„tions à recevoir la Doctrine de son Fils,
„les avoit toutes assujetties à l'Empire Romain,
„de peur que le peu de liaison qu'ont entr'eux
„des Peuples qui vivent sous divers Princes,
„&

gues courfes. Les autres Apôtres profitérent auffi de la communication qu'il y avoit entre les Provinces les plus éloignées de l'Empire, pour faire de grands voyages, foit en Orient, foit en Occident. On eût dit que la Providence, qui difpofe les affaires du monde pour fes fins, n'avoit permis que tant de Nations fuffent foumifes au joug de Rome, qu'afin de les foumettre plus facilement à celui de JESUS-CHRIST (15).

En 4me. lieu, l'honneur de nôtre Religion demandoit qu'elle nâquît dans un Siécle fort éclairé, de peur qu'elle ne paffât pour un effet de la crédulité, & qu'on ne la rangeât parmi ces fables qui croiffent à l'ombre de l'ignorance. Or chacun fait que le Siécle d'Augufte a été l'âge d'or pour les Sciences. La Philofophie & les belles Lettres avoient jetté alors une

Lumié-

,, & qui fe font continuellement la guerre, ne
,, fût un obftacle aux Apôtres de JESUS dans
,, l'exécution de l'ordre qu'il leur avoit donné
,, d'aller inftruire toutes les Nations ,,. ORI-
GENE *contre* Celfe, Liv. II.

(15) Voyez EUSEBE, *Demonftr. Evangel.* Lib. III. vers la fin.

Lumiére digne d'éclairer la naiffance du Sauveur, & qui lui préparoit les voyes, en aidant à diffiper les ténébres de la fuperftition.

Ces raifons, auxquelles on pourroit fans doute en joindre d'autres, (16) femblent d'affez grand poids pour avoir pû entrer dans les confeils de la Providence, par rapport au tems de l'avénement du MESSIE. Mais, comme on l'a déja dit, quand il nous feroit impoffible d'en pénétrer les caufes, cela n'eft d'aucune conféquence. En quelque Siécle que Dieu fe foit révélé, la Révélation ne perd rien de fon prix, & ne peut devenir fufpecte par cet endroit-là. C'eft une circonftance purement accidentelle, à laquelle on ne doit point s'ar-

____

(16) „Les prémiers hommes étant d'une „extrème grofliéreté, & leur genre de vie „fauvage, comment eft-ce qu'une Philofophie „auffi parfaite que celle de JESUS, auroit pû „leur convenir? La Sageffe célefte fe conten„ta donc alors de fe communiquer à un petit „nombre d'amis de Dieu, les menant comme „par la main, & les difpofant à quelque cho„fe de plus grand, par les Loix de Moïfe. Mais „lorfque ce parfum répandu de tous côtez, „eut adouci plufieurs Peuples, que les Gou„ver-

s'arrêter. Voyons s'il y a plus de solidité dans la deuxiéme branche de l'objection, qui est que la Révélation devoit être accordée à tous les Peuples également.

CHAPITRE II.

S'il étoit nécessaire que la REVELATION *fût annoncée à tous les Peuples.*

Avant toutes choses il faut re-marquer, que le privilége de la Révélation n'a pas été aussi res-serré, qu'on se l'imagine commu-nément. Entre les traits de cette Lumiére, on peut compter le sou-venir de la Création, du Déluge, & d'autres points de l'Histoire Sain-te,

Deuxiéme bran-che de la Ques-tion ge-nérale, la Révé-lation a-t-elle dû être pu-bliée en tout lieu?

„ vernemens eurent pris forme , que le nom „ de Vertu & de Philosophie retentissoit , & „ que l'ancienne férocité étoit bannie, le Ver-„ be divin prit cette opportunité pour se mani-„ fester au monde, & pour y fonder une Ecole „ de Sagesse toute céleste, &c. EUSEBE, *Demonstr. Evang.* Liv. VIII. Voyez aussi GREGOIRE DE NYSSE, dans sa grande *Catechese.* THEODORET, contre les Grecs, *Discours 6. de la Divine Providence.* LEON LE GRAND, *Sermon* 3. sur la *Nativité de Nôtre Seigneur.* CHRYSOLOGUE, *Sermon* 18.

te , qui se conserva dans tous les pays par tradition, jusques-là qu'on en trouve des vestiges défigurez même dans la Fable. Il paroît aussi par l'Ancien Testament, que Dieu ne dédaignoit pas de se communiquer à quelques personnages hors du peuple Hébreu (1). Les Miracles de *Moise* se firent au vû & au sçû des Egyptiens , & de tous les Peuples d'alentour. *Jonas* fut envoyé à *Ninive* , pour y prêcher la repentance. *Daniel* & *Ezechiel* vivoient à *Babylone* ; & les Oracles des Prophétes ne furent point inconnus à *Cyrus* ni à *Alexandre* , puisqu'on leur montra ceux qui les concernoient. La *Version des*

Josephe, Antiq. Jud. L. xi.Ch.8.

(1) *Homines quosdam , non terrenâ, sed cælesti societate ad veros Israëlitas supernæ cives patriæ pertinentes , etiam in aliis gentibus fuisse , negare non possunt ; quia si negant , facillimè convincuntur de sancto & admirabili viro Job , qui nec indigena nec proselytus* , id est, *advena populi Israël fuit.* Augustin. de Civitate Dei, *Lib.* xviii. C. 47. *Imò venturi Christi Prophetiam non paucis Gentilibus decantatam dixerunt , ad majorem fidei confirmationem.* Ib. L'Auteur de la *Hierarchie céleste,* qui passe sous le nom de S. Denis l'Aréopagite, croit que *Melchisedec* fut illuminé de la vraïe connoissance de Dieu , non seulement pour son propre bien , mais encore pour servir de guide aux Gentils, à cause de l'autorité qu'il avoit

par-

des Septante, faite par ordre de *Ptolomée Philadelphe*, facilita aux Etrangers la lecture des Livres Saints, depuis que le Grec étoit devenu la Langue la plus commune. Tant de Colonies Juives dispersées en Orient & dans l'Empire Romain, contribuérent encore à répandre ces Livres. Tous ceux qui entendoient parler de cette nation, étoient par cela même invitez à connoître le Dieu adoré à Jérusalem. Le seul exemple d'un peuple, si singulier à tous égards, devoit piquer la curiosité, & servir d'instruction aux autres. (2) Aussi d'anciens Auteurs témoignent que des Législateurs & des Philosophes Payens en avoient tiré une partie de leur Sagesse, (3)

H

pui-

parmi eux, comme Pontife. *Cœl. Hierarch.* Cap. 9.

(2) Mr. D A I L L E' dit, que le Seigneur avoit voulu dégrossir peu à peu les autres Nations par le commerce de ce peuple, qui portoit par tout sa foi & ses Ecritures, & défrichoit (s'il faut ainsi parler) les cœurs des Gentils, & les préparoit de loin à recevoir en leur tems la semence de l'Evangile. *Troisiéme Sermon sur la Pentecôte.*

(3) Voyez J O S E P H E *contre Appion*, Lib. I. J U S T I N Martyr, *Exhort. aux Grecs.* C L E-MENT D'A L E X A N D R I E, S T R O M A T. *Lib.* VI. & le même, dans son avertissement aux Grecs

puisans chez les Prophétes, & se désalterans, comme parle TERTUL-LIEN (4), *dans cette fontaine sacrée.* Enfin le Christianisme a paru avec beaucoup d'éclat. Il a été reçû dans une grande partie du Monde, & prêché presque par tout. On peut dire même que ses heureuses influences ne se font pas bornées aux Peuples qui l'ont embrassé ouvertement. Il paroît que dans les prémiers Siécles de l'Eglise, les Payens eux - mêmes ayant honte des folies de leurs péres, s'efforçoient d'en revenir, (5) & de donner un tour raisonnable à ce qu'ils n'osoient encore quitter, reconnoissans l'Unité de Dieu

Grecs. *A Deo hauserunt sua egregia*, dit LACTANCE, *Lib.* VI. C. 8. Et ailleurs *Lib.* VII. C. I. *Ut appareat nec vidisse nec comprehendisse Philosophos veritatem, sed ita leviter odoratos, ut tamen unde eos ille odor sapientiæ tam suavis, tam jucundus afflavit, nullomodo senserint.* L'Auteur de *la Religion des Gaulois* prétend que ces Peuples tirerent beaucoup de choses de la tradition des Patriarches; & PRIDEAUX croit que *Zoroastre* prit chez les Juifs la notion d'un seul Dieu, & toute sa Hierarchie des Mages, *Histoire des Juifs*, P. I. Lib. I V.

(4) *Quis Poëtarum, quis Sophistarum, qui non omninò de Prophetarum fonte potaverit? Inde igitur*

Dieu, & se sauvans comme ils pouvoient sous le voile de l'allégorie (6). Nous avons déja observé que les Mahometans ont tiré de la même source ce qui se trouve de meilleur dans leur Loi; de sorte que, s'il y a généralement de plus saines idées de Religion & de Morale, qu'il n'y en avoit autrefois dans le Monde, c'est uniquement à cette Lumiére qu'on en est redevable (7). Elle éclaire indirectement, & par reverberation, ceux même qui lui tournent le dos.

2°. Il est vrai qu'une si belle clarté méritoit de s'étendre encore davantage. Mais comme nous ignorons

H 2

quelle

tur Philosophi sitim ingenii sui rigaverunt. TERTULL. Apologet. C.47.

(5) *Christus, ut Sol, non modò hemispherium suum complevit luce, hoc est Ecclesiam suam, sed partem alterius, hoc est, homines aliarum Sectarum. Poëtæ enim post Christum pudefacti ineptiis & dementiis superiorum Poëtarum, ad altiores sensus conati sunt illas nugas traducere, &c.* LUDOV. VIVE'S, de Verit. fidei, *Lib.* 5.

(6) Voyez tout le troisième Livre d'EUSEBE de la *Préparation Evangélique*.

(7) *Habet hoc à Christo beneficium Orbis ingratus, per quem feritatis mollita est rabies.* ARNOB. Lib. I.

quelle fera la durée du Monde, & ce qui doit arriver par rapport aux progrès de l'Evangile, les difficultez qu'on peut faire là-deſſus font très-frivoles. Car, fuppofé qu'il doive s'écouler cent mille ans avant la fin du Monde, & que l'Eglife doive faire dans la fuite des conquêtes encore plus vaftes que par le paſſé, que fera-ce qu'une vingtaine de Siécles, où elle aura été renfermée en de certaines bornes? Tous les établiſſemens ont leurs âges, leur naiſſance & leurs progrès, ni plus ni moins qu'un homme; & l'on ne peut pas dire que des commencemens foient trop longs, juſqu'à ce qu'on fache quelle proportion ils auront avec la fuite.

En 3me. lieu, quand on dit qu'une Révélation doit être univer-felle, cela peut recevoir un fort bon fens, favoir, qu'elle doit être propre de fa nature à être portée en tous lieux, & à fanctifier tous les hommes. Or ce caractére convient parfaitement au Chriftianifme, qui admettant dans fon fein le *Juif & le Grec* indiftinctement, & ne conte-

Rom. II.
10.

contenant rien qui ne soit propre
à être reçû & pratiqué chez tous
les Peuples, peut devenir la Religion de l'Univers, si nôtre zéle
seconde sa destination. Que si par
Révélation générale on entend une
Révélation qui soit actuellement re-
çûë ou connuë de toutes les Nations de la Terre sans exception,
c'est en exiger trop. Car, par la
même raison, il faudroit qu'elle fût
connuë, non seulement de chaque
Peuple, mais de chaque Famille,
de chaque Personne, & cela dans
une égale mesure de clarté ; ce qui
est impossible. Toutes les créatures
ne sont pas du même rang. Il y
en a de plus parfaites les unes que
les autres. Les Anges sont au-dessus des hommes, & parmi les hommes il y a une infinité de degrez.
Tous n'ont pas reçû les mêmes
dons, ni les mêmes moyens de
s'instruire. Quoi qu'on appelle la
Lumiére naturelle une Lumiére *commune*, il s'en faut beaucoup que
tout le monde n'en soit également
bien partagé. On voit des gens
qui à peine ont le sens commun,

H 3　　　　　ou

ou à qui les besoins pressans de la vie ôtent tout le tems de la réflé-xion, pendant que d'autres, outre l'avantage d'un beau génie, ont & les commoditez & le loisir de cul-tiver leur Raison. La disproportion est certainement énorme ; cependant elle n'est pas censée un défaut dans l'ordre du Monde. Que si l'inéga-lité n'est point choquante dans la distribution des biens temporels, pourquoi le sera-t-elle dans celle des graces spirituelles ? S'il y a une grande distance entre un Philo-sophe & un Paysan, par rapport aux Lumiéres de la Raison, doit-on trouver étrange qu'il y en ait aussi par rapport à la Lumiére Ré-vélée ? La même différence que Dieu met d'homme à homme à di-vers égards, il est en droit de la mettre de Siécle à Siécle, & de Peuple à Peuple. Après tout, il est le maître de ses bienfaits : Et comme nous ne méritons rien de sa part, nôtre devoir est toûjours de remercier sa Bonté de ce qu'il nous accorde, sans nous plaindre de ce qu'il ne nous accorde pas.

En

En parlant, comme nous avons fait, du Secours de la Révélation, nous n'avons nullement prétendu que Dieu fût obligé à la rigueur de nous faire un si riche don. Nous difons feulement, qu'il étoit digne de fa Sageffe & de fa Bonté, de ne pas laiffer éteindre tout-à-fait fon culte fur la Terre, mais de nous tendre la main, toûjours fans préjudice de fa fouveraine liberté, pour les lieux, les perfonnes, la mefure, le tems & la maniére de le faire. Il peut avoir fes raifons pour vouloir que ce flambeau luife par degrez, comme le Soleil s'éleve de l'aurore à fon midi, & fait fucceffivement le tour du Monde. Le point effentiel eft, d'examiner le fait, favoir, fi Dieu a parlé. Du refte, que cette Parole foit connuë de plus ou moins de gens, c'eft encore là une circonftance extérieure & purement accidentelle, qui ne touche point au fonds de la queftion.

4º· J'avouë pourtant que cette circonftance feroit de grand poids, fi l'on fuppofoit que ceux qui font privez de la Révélation, font en-

tiére-

tiérement abandonnez de Dieu, ou
qu'ils seront jugez sur le même pied
que nous.   Mais nous avons vû
ci-devant que la Lumiére naturelle ne manque à personne, & que
ce secours pourroit mener loin qui-
conque en sauroit faire un bon usage. Louis Vive's, commentant
un endroit (8) de S. Augustin,
remarque, que si quelques uns d'entre *les Gentils, ont suivi la Nature pure & simple, ils pouvoient être
agréables à Dieu, comme ceux qui
avoient la Loi en partage. Car,*
ajoûte-il, *les uns & les autres ten-
doient au même but par diverses voyes, n'y ayant d'autre différence entr'eux que celle qui se trouve entre
deux Voyageurs, dont l'un a sa route
tracée sur le papier, & l'autre se
conduit par mémoire, ou par conjectures.*   Le prémier a certainement
un grand avantage sur le second.
Mais aussi, Dieu proportionne ses
jugemens aux graces qu'il accorde,
ne demandant à chacun qu'autant
qu'il

(8) Ludov. Vive's *in* Augustinum *de Civitate Dei*, Lib. XVIII. C. 47. Voyez aussi la I.
partie du Livre de la Mothe le Vayer, *sur
la Vertu des Payens.*

qu'il lui a mis de moyens en main pour remplir sa tâche. S'il dispense inégalement ses dons, il a égard à cette inégalité dans ce qu'il exige ; & cela suffit pour mettre l'équité de sa conduite parfaitement à couvert (9). Les Payens, qui n'ont pas reçû les mêmes lumiéres que nous, n'auront point le même compte à rendre. La Loi naturelle qu'ils ont connuë, sera la régle de leur jugement, & non la Loi de Moïse ou de JESUS-CHRIST qu'ils ont ignorée. C'est S. PAUL qui nous l'apprend. *Ceux*, dit-il, *qui ont vêcu sous la Loi, seront jugez par la Loi, & ceux qui ont vêcu sans la Loi, seront jugez sans elle.* Nôtre Seigneur avoit posé la même maxime, en déclarant qu'*on exigera beaucoup de celui à qui on a beaucoup donné ; & plus on aura confié à quelqu'un, plus on lui redemandera.*

Quel avantage y a-t-il donc à jouir d'une Révélation, si elle impose des obligations plus étroites à

Rom. II. 12.

Luc. XII. 48.

Objection.

pro-

____

(9) *Dei judicia occulta sunt multa, injusta nulla.* AUGUST. De Civit. Dei, *Lib.* XVIII. CAP. 18.

proportion des connoiſſances qu'e
le donne ? Le même avantage qu
ſe trouve à avoir reçu plus d
talens & une meilleure éducation
que les autres, encore que par là
on ſoit obligé à de plus grands
devoirs. Ne ſeroit-ce pas une
grande lâcheté & une horrible baſ-
ſeſſe d'ame, que de mépriſer ces
talens, & de refuſer les dons que
Dieu veut nous faire, ſous prétex-
te qu'ils nous engagent à la recon-
noiſſance ? Secondement la Vertu &
les Lumiéres ont par elles-mêmes
la proprieté de perfe﬈ionner nôtre
nature, de rendre la Societé hu-
maine floriſſante, de maintenir l'or-
dre & la paix, de répandre mille
douceurs dans la vie. Plus l'hom-
me fait de progrès dans la ſainte-
té, plus ſon bonheur ici bas en eſt
accrû ; & par conſéquent il gagne
beaucoup à recevoir des ſecours,
qui lui facilitent ces progrès. De
plus, n'eſt-ce pas un beau pri-
vilége, que d'avoir des promeſ-
ſes fondées ſur une Alliance poſi-
tive, qui nous eſt notifiée ? Les
Payens ne pouvoient avoir qu'une
con-

Réponſe

confiance vague en la miſéricorde divine, & des eſpérances incertaines ſur leur Salut, ce qui n'approche pas de la ferme conſolation qu'un bon Chrétien reçoit par la Foi en JESUS-CHRIST. Figurons-nóus deux Criminels, dont l'un ſait préciſément à quel prix il peut racheter ſa vie ; pendant que l'autre eſt laiſſé là-deſſus dans l'incertitude. Je demande, ſi la condition de ces deux hommes eſt égale, quand même on exigeroit plus du prémier que du ſecond. Enfin, qui ſait ſi les perſonnes appellées à un plus haut degré de vertu, ne ſont pas auſſi deſtinées à un plus haut degré de gloire dans la Vie à venir ? ſelon ce qui eſt dit dans la Parabole des Serviteurs, qui avoient bien fait valoir leurs talens, que chacun d'eux profita & fut recompenſé à proportion de ce qu'il avoit plus ou moins reçû.

S. Matth. XXV. *S. Luc.* XIX.

CHAPI-

CHAPITRE III.

De l'évidence qui doit accompagner la REVELATION.

NOus avons vû dans le Chapitre précédent, que l'étenduë d'une Révélation ne décide point de sa vérité, & qu'à quelque point que Dieu juge à propos de la répandre, elle n'en est pas moins certaine, ni moins précieuse pour ceux qui ont le bonheur d'en jouïr. Passons maintenant à une autre question : ,, La Parole ,, de Dieu doit-elle être accompa- ,, gnée d'une évidence qui entraine ,, invinciblement l'esprit, & qui for- ,, ce tout le monde à s'y soumet- ,, tre ,, ?

Là-dessus on doit observer qu'il y a divers genres d'évidence, dont toutes sortes de sujets ne sont pas également susceptibles.

Et prémiérement, il y a une conviction qui vient des *sens* ; c'est-à-dire, qu'on est assûré de ce qu'on voit,

voit, de ce qu'on entend, de ce qu'on touche. Cette efpéce de certitude n'a lieu que par rapport aux objets qui nous environnent; ce qui fe paffe loin de nous, ou ce qui eft d'une nature fpirituelle, n'eft point de fon reffort.

Secondement, la fphére des fens n'eft pas la mefure de toute vérité. Le *raifonnement* perce au-delà, & découvre ce qui échappe aux yeux. Par exemple, en contemplant le bel ordre qui régne dans l'Univers, j'en conclus qu'il y a une Caufe fage, quoi qu'invifible, qui l'a formé. Pofer ainfi des principes, & en tirer des conféquences, obferver certains rapports d'idées, & en marquer, ou l'oppofition, ou la liaifon, c'eft ce qui s'appelle *raifonner.* Quand les idées font parfaitement claires, & liées immédiatement entr'elles, cela forme des démonftrations comme celles de Géométrie. A proportion qu'elles le font moins, l'évidence diminuë. On ne doit pourtant pas s'imaginer qu'il n'y ait rien de certain par cette voye, à moins d'une démonf-

tra-

tration complette. Combien de véritez dont perſonne ne doute, qui ne ſont pas claires comme *deux fois deux font quatre ?* Que les jours, par exemple, doivent croître & décroître ſucceſſivement, que la bonne éducation ſoit utile à la jeuneſſe, qu'une Place bien fortifiée tienne plus long-tems qu'une autre qui ne l'eſt pas, &c. cela ne ſe prouve point mathématiquement, mais ſeulement par un concours de raiſons & d'expériences, qui forment ce qu'on appelle une *certitude Morale.* Il y a divers degrez de certitude, &, comme dit le P. MALLEBRANCHE, *les vrai-ſemblances mêmes ne ſont pas à mé-priſer, parce qu'il arrive ordinaire-ment que pluſieurs jointes enſemble, ont autant de force, pour convain-cre,*

Recher-
che de la
Vérité,
Liv. I.
C. 3.

(1) C'eſt la penſée de S. AUGUSTIN, dans le V I. Livre de ſes *Confeſſions*, Ch. 4. „ Tu „ as fait, Seigneur, conſidérer à mon eſprit, „ combien il croyoit de choſes que je n'a-„ vois jamais vuës, & qui ne s'étoient point „ paſſées en ma préſence, comme tant d'évé-„ nemens qui ſont contenus dans les Hiſtoires „ profanes, tant de lieux & tant de villes, „ où je n'avois jamais été, tant d'autres choſes „ que j'avois ouï dire à mes amis, à des Mé-„ decins,

cre, que des démonstrations très-évi-
dentes. Il s'en trouve une infinité
d'exemples, & dans la Morale &
dans la Physique.

La troisiéme classe comprend les choses de fait, qui se sont passées loin de nous. Pour s'en assûrer, il faut ouïr les témoins, & peser les circonstances qui donnent plus ou moins de poids à leur témoignage. Jamais on ne démontrera par les seules idées de la Raison, qu'il y ait une ville de Constantinople, ni qu'*Alexandre* ait vaincu *Darius.* Ce sont des faits qu'on ne peut apprendre que des Voyageurs, ou des Historiens. Mais, quand les Auteurs sont en grand nombre, quand ils sont unanimes, judicieux, désintéressez, il est juste d'ajouter foi à leur rapport, autant qu'à ses propres yeux (I).

Il

„ decins, & à plusieurs autres personnes,
„ auxquelles, si l'on n'ajoutoit point de foi,
„ il faudroit bannir tout le commerce de la
„ vie; & enfin avec quelle certitude je me
„ tenois assûré d'être issu de tels & tels Pa-
„ rens, quoique je ne le pûsse savoir que par
„ le rapport d'autrui. Ce fut par là, Seigneur,
„ que tu me persuadas d'ajouter foi aux Ecri-
„ tures que tu as établies avec tant d'autorité
„ parmi toutes les Nations „.

Il y a ainſi diverſes voyes de connoiſſance, qui varient ſuivant la nature des ſujets. Autre eſt le rapport des ſens, par où l'on apperçoit les objets corporels qui ſont à nôtre portée ; autre la pénétration du raiſonnement, qui nous fait découvrir ce qui échappe aux yeux ; autres les preuves teſtimoniales, qui font foi d'un événement. Chacune de ces facultez a ſon objet propre, & veut y être appliquée, pour être de quelque uſage. Employer la méthode Géométrique dans l'Hiſtoire, ou des autoritez dans la Géométrie, ce ſeroit une choſe auſſi mal conçuë, que ſi quelqu'un vouloit juger de la Muſique par les yeux, ou d'un tableau par les oreilles. Avant donc que de diſputer ſur une matiére, il faut voir quelle en eſt la nature, & quelle ſorte de preuves elle admet, pour s'en tenir à celles-là ; ſans quoi l'on pécheroit con-

____

(2) La remarque eſt d'ARISTOTE. „Il „ſuffit, *dit-il*, en chaque ſujet de l'expliquer „conformément à ſa nature ; car il ne faut „pas croire que tous puiſſent être traitez avec „la

contre toutes les régles de la bon-ne Logique (2). Appliquons ceci à nôtre queſtion.

La Religion ne roule point ſur des meſures, ni ſur des calculs, ce qui fait que la méthode mathé-matique ne lui convient pas. Elle conſiſte, partie en idées ou réla-tions morales, partie en faits. A l'égard des idées morales, on ne peut y demander qu'une évidence du même genre, c'eſt-à-dire, un amas de rapports & de raiſonne-mens auſſi clairs que le ſujet le comporte. C'eſt toute la certitude qui ſe trouve dans la Loi naturel-le, & dans les Sciences les plus ſolides, à la réſerve des Mathé-matiques. Pour les faits, il faut diſtinguer le tems auquel ils ſont arrivez d'avec les Siécles poſtérieurs. Ces faits ont dû être viſibles & palpables pour ceux qui en étoient les témoins. Mais après cela, on doit ſe contenter de ce que nous

I

en

„ la même préciſion. *Ethic. ad Nicom.* Lib. I. Cap. 1. Et ailleurs *Metaph.* Lib. I. P. 2. Cap. 3. Il ne faut pas demander en tout l'évidence mathématique. Voyez le I. Livre de V i v ᴇ's *de la Vérité de la Foi*, page 294.

en apprend l'Hiſtoire , & pourvû
que les preuves en ſoient auſſi fortes que d'aucun autre événement
paſſé , l'on ne peut rien exiger de
plus. C'eſt ſur de pareilles ſure-
tez qu'un Politique prend ſes meſures , que les Tribunaux pronon-
cent des Arrêts , que le plus ſage
Pére de famille diſpoſe de ſes affaires ; en un mot, c'eſt là-deſſus que
roule toute la Societé civile. L'on
demeureroit perpétuellement dans
l'inaction , ſi l'on ne vouloit ſe
déterminer que ſur une évidence
entiére.

Dira-t-on que Dieu étoit obligé
de nous donner cette évidence ,
juſqu'à convertir , s'il le falloit ,
la Religion en Philoſophie naturel-
·le , afin qu'elle fût ſuſceptible de
démonſtrations ?

Mais prémiérement , il ne nous
appartient pas de preſcrire à Dieu
ce qu'il doit faire. Soumettons-
nous à ce qu'il fait , & ne conteſ-
tons point avec lui. Seroit-il raiſonnable qu'il forçât la nature , &
qu'il changeât l'ordre des choſes ,
pour s'accommoder à nos caprices ?
Secon-

Secondement, la méthode phi-
losophique, quoique belle & clai-
re pour les esprits qui y sont
exercez, n'est pas du goût ni à
la portée du plus grand nombre,
comme nous l'avons vû ci-devant.
Les preuves de sentiment & de fait
sont tout autrement populaires, &
propres à faire impression : ,,Dans
,, les choses spirituelles & abstraites,
,, *disoit* Mr. ARNAUD, quelque
,, certaines qu'elles soient, il peut
,, venir de certains faux jours &
,, des obscurcissemens passagers ,
,, qui arrêtent un peu l'esprit, &
,, qui sont capables de causer au
,, moins quelque crainte de se
,, tromper ; au lieu qu'on peut di-
,, re , qu'il y a quelque chose
,, qui pénétre plus l'esprit, & qui
,, est en quelque sorte plus inté-
,, rieur dans la certitude que nous
,, avons de certains faits, que dans
,, les démonstrations mêmes ,,.

Enfin, il est vrai que Dieu auroit pû nous mettre tous dans un
état parfait de conviction. Il eût
pû même nous rendre tout d'un
coup infaillibles & impeccables. Mais

Sect. I.
Ch. 7.

Perpé-
tuité de
la Foi
défen-
duë.
Lib. I X.
Ch. II.

I 2

cela

cela ne convenoit point à ses vûës, ni au plan de la Religion. Ce plan est, de nous exercer & dans la recherche de la Vérité & dans la pratique de la Vertu. Pour cela il falloit que l'homme restât libre, environné de tentations, capable de bien & de mal, de sagesse & d'égarement. La Foi, comme les autres Vertus, doit couter quelque chose à acquerir. Je sai bien qu'il n'y a nul mérite à croire ce que l'on connoît être vrai. Mais il y en a à se metre en état de le connoître par ses recherches; il y en a à surmonter les préjugez & les passions qui forment des nuages dans l'entendement. On sait assez quel rapport il y a entre les jugemens de l'esprit & les dispositions du cœur. Rien n'est plus commun que de voir des gens se roidir avec un entêtement invincible contre la Raison, parceque l'humeur ou la passion les domine. Pour bien juger il faut tenir son

ame

(3) *Heureux ceux qui ont crû sans avoir vû!* Jean XX. 29. C'est aussi sur ce fondement que S. Paul donne tant d'éloges à la Foi

des

ame dans une affiéte paifible , il faut chercher la Vérité de bonne foi , être prêt à l'embraffer quoiqu'il en coute , & fe défier de foi - même , de peur d'être féduit par quelque intérêt fecret. Un homme qui revêt ces difpofitions , eft affurément très - louable ; & comme la Foi en eft le fruit, on peut bien ranger la Foi parmi les Vertus , où nôtre volonté a beaucoup de part , & par où l'homme peut devenir digne de blâme ou de loüange (3). C'eft là une épreuve qui entre avec beaucoup d'autres dans l'économie de la Religion ; & comme il n'étoit pas à propos que l'homme fût mis à l'abri de toute foibleffe , par rapport à la Morale ; il n'étoit pas convenable non plus que tout pretexte de doute fût ôté à qui fe plaît à douter , ni que la lumiére brillât au point de nous frapper malgré nous. Il fuffit que la Vérité fe laiffe trouver à ceux qui la cherchent (4).

I 3

Le

des Patriarches , dans le XIme. *des Hébreux.*

(4) *Veritas eft obvia , fed requirentibus.* MINUT. FELIX.

Le diligent la possédera, & celui qui se leve de bon matin la trouvera. „C'est ce qui fait que Dieu „ne voulant pas qu'on arrivât à „le connoître, comme on arrive „aux véritez de Géométrie, où „le cœur n'a point de part, ni „que les bons n'eussent aucun avan-„tage sur les méchans dans cette „recherche, il lui a plû de cacher „sa conduite, & de mêler telle-„ment les obscuritez & la clarté, „qu'il dépendît de la disposition „du cœur de voir, ou de demeu-„rer dans les ténébres „. Il a voulu que nous *marchions par foi & non par vûë.* Comme il ne nous a donné qu'une certaine mesure de force pour éviter le péché, il ne nous donne aussi qu'une certaine

mesu-

Discours sur les pensées de Mr. Pascal.

2. Cor. V. 7.

(5) Mr. Pascal a bien senti que cette observation est une clef très-importante dans la Théologie. Il la raméne assez souvent dans ses *Pensées*, & entr'autres à l'Article XVIII. où il dit: „Il y a assez de lumiére pour „ceux qui ne désirent que de voir, & assez „d'obscurité pour ceux qui ont une disposi-„tion contraire. Il y a assez de clarté pour „éclairer les Elus, & assez d'obscurité pour „les humilier. Il y a assez d'obscurité pour „aveugler les Réprouvez, & assez de clarté „pour

meſure de lumiére , pour éviter
l'erreur. A l'éclat de ſa Parole il
a joint des ombres , & n'y a voulu attacher que cette ſorte d'évidence qui a beſoin, pour être ſen-
tie , de quelque application de nôtre
part , & de quelque goût pour le
bien. Aſſez de lumiéres pour qui-
conque reſpecte véritablement la
Loi naturelle , pas aſſez pour vain-
cre toute obſtination ; des preuves
ſuffiſantes pour ſatisfaire un eſprit
ſage , un cœur droit , qui peſe
mûrement le pour & le contre , &
non pour forcer chacun à s'y ſou-
mettre ; c'eſt le juſte tempéra-
ment que Dieu a gardé par rapport à la Révélation (5). De-
là ce mot remarquable de Nôtre
Seigneur JESUS-CHRIST , *Si*

I 4   *quel-*

„ pour les condamner & les rendre inexcuſa-
„ bles. Le deſſein de Dieu eſt plus de per-
„ fectionner la volonté que l'eſprit. Or la
„ clarté parfaite ne ſerviroit qu'à l'eſprit, &
„ nuiroit à la volonté „. C'étoit la penſée de
S. PAUL, quand il diſoit, 2. *Corinth.* IV. 3. 4.
„ Si l'Evangile que nous prêchons eſt encore
„ voilé, il n'eſt voilé qu'à ceux qui périſſent,
„ aux Incrédules, dont le Dieu de ce monde
„ a aveuglé l'entendement, de peur qu'ils ne
„ ſoient frappez de la lumiére du glorieux
„ Evangile de JESUS-CHRIST, qui eſt l'I-
„ mage de Dieu „.

Jean VII. 17. quelqu'un veut faire la volonté de Dieu, il reconnoîtra si ma doctrine vient d'enhaut, ou si je parle de mon chef. Et POTHIN, Evêque de Lyon, étant conduit au martyre, répondit au Juge qui lui demandoit quel est le Dieu des Chrétiens : *Tu le connoîtras, si tu en es digne.*

Eusebe, Histoire Ecclésiastique, Liv. V.

CHAPITRE IV.

Des vrais Caractéres que doit avoir la REVELATION.

NOus avons vû jusqu'ici les demandes exorbitantes que font certaines personnes , touchant la nature de la Révélation , afin d'avoir un prétexte de rejetter celle qu'on leur présente. Cherchons maintenant à quelles marques on peut

(1) ,, Ces deux Lumiéres sont filles de Dieu, ,, parceque toutes deux procédent d'un même ,, principe, qui est Dieu, l'une par la voye de ,, la Nature, & l'autre par celle de la Grace, dit sagement GRENADE dans son *Catéchisme*, *Tom.* III. *Part.* IV. *Ch.* I. Voyez aussi le passage de S. AUGUSTIN, allegué ci - dessus, *page* 3. LACTANCE, *Lib.* IV. *Cap.* 4. veut que

peut véritablement diftinguer une Doctrine qui vient de Dieu d'avec celles qui n'ont que les hommes pour auteurs.

Nôtre prémier principe eft, que la Foi ne doit point être oppofée à la Raifon, ni rien admettre de contradictoire. „ La Révélation di-
„ vine & la Raifon évidente étant
„ deux Régles infaillibles de vérité,
„ qui derivent l'une & l'autre de
„ la même fource (1); jamais il ne
„ peut y avoir d'oppofition entr'el-
„ les, ni même entre les fuites
„ légitimes de l'une & de l'autre;
„ parce que la vérité ne produit
„ que la vérité, & que la vérité
„ n'eft point contraire à elle-même;
„ d'où il s'enfuit, que quand les
„ articles, entre lefquels il paroît de
„ la contradiction, font certaine-
„ ment révélez ou évidens, ou
„ qu'ils font inconteftablement des
„ fui-

Prémier Caractére. La Révélation ne doit pas être contraire à la Raifon.

Dans la troifiéme des *Pieces Fugitives fur l'Euchariftie.*

que l'on joigne inféparablement la Sageffe & la Religion, comme découlant de la même fource; & LOUIS VIVE's rejette *importuniffimam illam diftinctionem de lumine fidei & lumine naturæ, ut quòd alia vera fint hoc lumine, falfa in alio; alia è contrario. Quis hæc re & narratione conjuncta difcrevit, nifi homo aliquis impius & imperitus?* De Verit. Fidei, *Lib.* I.

„ suites de la Révélation ou de
„ l'Evidence, la contradiction n'est
„ alors qu'apparente & non réelle:
„ Mais quand la contradiction est
„ effective & manifeste, il faut
„ nécessairement que les Philoso-
„ phes, ou les Théologiens s'abu-
„ sent, ceux-ci prenant pour Révé-
„ lation, ou pour une suite de la
„ Révélation, ce qui n'est point tel
„ en effet; ou ceux-là prenant
„ pour *évidence*, ou pour une suite
„ de l'évidence ce qui n'est point
„ tel en effet „.

Que si Dieu, étant également auteur de ces deux Lumiéres, ne peut pas détruire d'une main ce qu'il a édifié de l'autre, cela n'empêche pourtant pas qu'il ne puisse nous apprendre par Révélation des choses que la simple Raison n'auroit jamais découvertes, des choses même que leur obscurité, ou la foiblesse de nôtre esprit, nous empêche de concevoir parfaitement. Des véritez peuvent être incompréhensibles à certains égards, comme on l'expliquera ailleurs, & n'en être pas moins des véritez.

Tou-

Toute obscurité n'emporte pas contradiction. Par exemple, le sentiment qu'il y a des Antipodes, a passé long-tems pour une absurdité. Comment se peut-il faire, que des gens ayent la tête en bas & les pieds en haut? Cela paroissoit inconcevable. Cependant la chose est présentement averée. De même l'imagination se perd à concevoir des animaux mille fois plus petits qu'un ciron. Car quelle doit être la petitesse d'une de leurs jambes, d'une veine, d'une goûte de leur sang? Qui eût avancé cela il y a deux Siécles, auroit passé pour un visionnaire, pour un homme à paradoxes. Là-dessus pourtant il a fallu encore que la difficulté de concevoir pliât sous la certitude du fait. Ces exemples doivent nous rendre sobres dans nos jugemens, & nous apprendre à ne pas ériger en principes indubitables tous les préjugez dont nous sommes imbus, bien qu'appuyez par des raisonnemens spécieux. La Raison prise en ce sens, seroit souvent en défaut. Quand il s'agit d'op-

poser

poser la Raison à la Foi, ou de la poser comme une régle infaillible, on doit restreindre le nom de *Raison*, par excellence, à ce qui s'appelle les *Axiomes*, ou les prémiers principes ; tels que ceuxci : *Le Créateur est au-dessus de la Créature : rien ne se forme sans cause : un même corps ne peut être en plusieurs lieux à la fois &c.* ou à des propositions qui s'en déduisent immédiatement & évidemment. Ces sortes de véritez portent leur preuve avec elles - mêmes. Dieu les a gravées dans nôtre esprit, pour être la régle immuable de nos jugemens. Ce sont autant de rayons de la Vérité éternelle, plus lumineux que tout ce qu'on pourroit y opposer. Si quelqu'un nous réduit à la nécessité d'opter, le choix n'est pas douteux ; jamais aucune Théologie n'approchera de ces principes

pour

(2) *Præmisit Deus Naturam magistram, submissurus & Prophetiam, quò facilius credas Prophetiæ, discipulus Naturæ.* Tertull. *de Resurrect. Carnis.* Campanella dit aussi fort bien dans son petit Traité, *De Gentilismo non retinendo : Quæst.* I. Que la grace perfectionne la nature, & ne la détruit point ; Que les

prin-

pour la clarté, & si par malheur elle les heurte, elle ne fera que se briser elle-même, n'ayant ni plus de poids, ni plus de force qu'eux. Tout au plus produiroit-elle le Pyrrhonisme, & pour vouloir nous faire trop croire, on nous mettroit hors d'état de rien croire du tout.

De plus, on doit remarquer que la Révélation bâtit sur les fondemens de la Loi naturelle (2). Comment se déterminera-t-on à croire ce que Dieu revéle, si ce n'est par l'idée qu'on a naturellement de Dieu, comme d'un Etre qui ne peut mentir? Comment discernera-t-on la vraie Révélation d'avec les fausses, si ce n'est par l'usage du raisonnement? Et sans ce même secours, quel moyen de bien interpréter l'Ecriture, & de savoir, par exemple, qu'il ne faut pas prendre à la lettre, ce qui est

dit

principes de Philosophie nous menent à des conclusions Théologiques & Métaphysiques; Qu'il y a deux Livres divins, où nous puisons la vérité, savoir, la Nature & l'Ecriture Sainte; que le premier de ces Livres ne combat point le second; & que JESUS-CHRIST est également l'Auteur des deux Testamens, de la Nature & de la Grace.

dit du *bras* & des *yeux de l'Eter-*
nel , comme faisoient les Anthro-
pomorphites ? Enfin , quelle impression feroient sur nous les préceptes
de l'Evangile , si l'on ignoroit ce
que c'est que bien & mal , & si
la Conscience n'avoit ses lumiéres
antérieures à toute autre ? La Raison est donc nécessaire pour nous
conduire à la Foi , & pour nous en
expliquer le langage ; & puisque la
Foi la suppose , elle ne sauroit la
détruire (3).

Second
Caracté-
re. La
Révéla-
tion ne
doit pas
êtrecon-
traire à
elle-mê-
me.

Secondement , il est visible qu'u-
ne Doctrine qui se démentiroit en
quelque point , étant contraire à
elle-même , ne seroit pas digne de
Dieu. Ce n'est pas que la Révélation ne puisse s'accroître par degrez,
& mettre au jour , en un tems,
ce qu'elle avoit tenu caché dans un
autre. Rien n'empêche aussi que
Dieu n'abroge de certaines Loix ,
lorsque les raisons qui les lui avoient
fait

(3) N'est-ce pas se moquer du monde,
que d'avancer , comme fait LA MOTHE LE
VAYER , (*de la Vertu des Payens*, Part. 2. Art.
de *Pyrrhon*) que ,, la Philosophie sceptique est
,, *possible la moins contraire au Christianisme* , en ce
,, qu'elle purge l'esprit de tout entêtement dog-
mati-

fait établir viennent à ceſſer. Ces
ſortes de changemens ne ſont pas
des variations qu'on ait droit de
reprocher ; ce n'eſt qu'une différence d'Economie , qui tend à amener peu à peu les choſes à la per-
fection , en s'accommodant à l'état
des hommes, & aux diverſes circonſ-
tances où ils ſe trouvent. Mais enſeigner pour vrai dans un endroit,
ce qui eſt donné pour faux dans un
autre , ou tomber dans quelqu'autre contrarieté auſſi réelle , c'eſt ce
qui ne ſe trouvera jamais dans une
Révélation vraiement divine.

Les deux marques qu'on vient
d'alléguer ſont négatives , & nous
apprennent ſeulement de quels dé-
fauts une Révélation doit être
exempte. En voici d'autres qui la
caractériſent poſitivement.

En troiſiéme lieu , le beſoin de
la Révélation , avons-nous dit , eſt
fon-

Troiſiéme
Caracté-
re. La
Révéla-

„matique , & le diſpoſe à ſe ſoûmettre hum-
„blement aux Myſtéres de la Foi ſans écouter
„la Raiſon„? Servir ainſi la Religion , c'eſt la
trahir. Mr. BAYLE a affecté de prendre cette route ; & le ſavant Mr. HUET s'y eſt laiſſé
bonnement entraîner dans ſon Ouvrage poſt-
hume *de la foibleſſe de l'Eſprit humain.*

lation doit ré- tablir & per- fection- ner la Lumiére naturel- le à l'é- gard des choses divines.

fondé sur l'état d'obscurcissement, où étoit tombée la Lumiére natu- rélle. Il faut donc (sur tout lors qu'elle est entiére & parvenuë à sa plénitude) qu'elle ranime cette lu- miére, en donnant des idées sai- nes de la Divinité, en réhabilitant son vrai Culte, en faisant revivre la pureté de la Morale, en incul- quant de nouveau les préceptes qui étoient effacez, en nous appre- nant nôtre origine, & la vraie fin de la vie humaine, & en fixant nos doutes touchant le souverain Bien

(4) Le P. BUFFIER l'observe fort bien dans son Traité *de la Societé Civile*, Liv. I. Ch. 3. ,, Il est vrai, *dis-il*, que la Révélation mar- ,, que des Régles de Morale qui n'ont point ,, été suivies dans le monde, où l'on s'est aban- ,, donné comme à un déreglement universel, ,, & auquel les Philosophes Payens, avec leurs ,, plus belles maximes, n'ont point apporté un ,, reméde suffisant. Mais si la Révélation nous ,, a aidé en ce point, c'est un secours, qui, ,, pour ainsi dire, a rendu la Raison à elle- ,, même, & qui l'a fait rentrer dans ses droits. ,, Les Lumiéres surnaturelles, toutes divines ,, qu'elles sont, ne nous montrent rien, par ,, rapport à la conduite ordinaire de la vie, ,, que les Lumiéres naturelles n'adoptent par ,, les réfléxions exactes de la pure Philosophie. ,, Les maximes de l'Evangile, ajoutées à celles ,, des Philosophes, sont moins de nouvelles ,, maximes, que le renouvellement & l'éclaircis- ,, sement de celles qui étoient gravées au fonds *de*

Bien & l'immortalité de l'ame. C'eſt là ſon principal objet. On doit moins l'enviſager comme une Loi nouvelle, que comme un rétabliſſement de la Loi primitive (4). C'eſt la même qui s'explique, tantôt par un moyen, & tantôt par un autre, tendant toûjours au même but (5).

En quatriéme lieu, il ne ſuffit pas que la Révélation répéte préciſément ce que dictoit la Raiſon, ſans être entenduë, ni qu'elle ſe contente de tirer, pour ainſi dire, *cette lampe de deſſous le boiſſeau.* L'état

Quatriéme Caractére. La Révélation doit ajouter à la Lumiére naturelle les ſecours dont l'Homme pécheur a beſoin.

K

„ de l'ame raiſonnable ... La Révélation facilite la pratique de ces maximes par les mo-„tifs & les ſecours puiſſans qu'elle fournit ; „mais la Raiſon en a le principe dans elle-„même „.

(5) Voyez tout le I. Livre *des Stromates* de CLEMENT ALEXANDRIN, & divers autres paſſages des Péres, ou citez ou indiquez ci-deſſus, ſans oublier celui de LOUIS VIVE'S, rapporté *pag.* 11. JUSTIN Martyr, *Apol.* I. veut que l'on regarde comme Chrétiens tous ceux qui ont vêcu ſuivant la *Raiſon,* ou la *Parole* ; & MINUTIUS FELIX, dit dans le même eſprit : *Ut quivis arbitretur, aut nunc Chriſtianos Philoſophos eſſe, aut Philoſophos fuiſſe jam tunc Chriſtianos.* Cette penſée eſt très-noble, & donne une belle idée du Chriſtianiſme. Elle ſe trouve fondée ſur la maniére dont S. JEAN parle de JESUS-CHRIST, comme de la Sageſſe éternelle, de *la Parole, de la Lumiére qui éclaire tout homme venant au monde, & qui enfin s'eſt manifeſtée en chair.* Jean I.

Voyez ci-deſſus *Sect. I.*

L'état de l'homme coupable demandoit de nouveaux moyens de conſolation, des aſſurances de pardon, des promeſſes poſitives, des encouragemens, des ſecours particuliers, proportionnez à nôtre foibleſſe. Ces ſortes d'additions, bien loin de gâter le plan de la Religion, lui donnent plus de poids & de force. C'eſt ainſi que les Loix Civiles ajoutent toûjours quelque choſe au ſimple Droit Naturel, ſelon l'état & la conſtitution des Peuples.

Cinquiéme Caraĉtére. La Révélation doit être accompagnée de ſignes ſenſibles, tels que ſont les Prophéties & les Miracles.

Enfin, il eſt à croire que Dieu ne publie point une Révélation ſans y appoſer ſon ſceau, c'eſt-à-dire, ſans l'accompagner de quelque marque de diſtinĉtion qui la mette hors du pair. Car bien que tout ce qui eſt vrai & conforme à la droite Raiſon puiſſe être reputé divin, comme venant du Pére des Lumiéres, il eſt pourtant néceſſaire, pour une entiére ſûreté, d'y voir le doigt de Dieu marqué par des ſignes ſenſibles, comme ſont les Prophéties & les Miracles. Ce dernier Caraĉtére a ſur tout beaucoup de force, & c'eſt la marque la moins équi-

équivoque d'une Miſſion céleſte, comme nous le verrons ailleurs. Chacun de ces caractéres eſt d'un grand poids: Mais une Doctrine qui les réünit tous, emporte certainement la balance; & tant s'en faut qu'en s'y ſoumettant on doive craindre le reproche de crédulité, qu'il y auroit au contraire une obſtination impardonnable à ne le pas faire.

Ces régles poſées, cherchons maintenant s'il y a dans le monde, quelque Religion qui poſſéde de telles prérogatives. Cette recherche eſt importante. Ne deſeſpérons pas d'y réüſſir, plus heureux en cela que les Philoſophes, dont nous avons vû l'embarras, & rapporté les divers ſentimens. Après ce qui a été dit du grand beſoin de la Révélation, il n'eſt pas à croire que la Bonté divine ait laiſſé le Genre Humain deſtitué pour jamais de ce ſecours.

F I N.

TABLE

TABLE
DES CHAPITRES.

SECTION I.

Du besoin que le Genre Humain avoit de la REVELATION.

CHA-

CHAPITRE IV.

CHAPITRE V.

CHAPITRE VI.

SECTION II.

Des Caractéres de la REVELATION.

CHAPITRE PREMIER.

CHA-

www.ingramcontent.com/pod-product-compliance
Lightning Source LLC
LaVergne TN
LVHW021446170726
843501LV00005B/1518